W0242246

Huth-Rauschenbach

Familienzeit

Sabine Huth-Rauschenbach

Familienzeit

Entdeckerbuch für glückliche Familien

TRIAS

EDEN
WEEPING WILLOW
CHESTNUT
WOODS
OAK MAPLE

Liebe Leserin, lieber Leser,

»Quality Time« ist ein schöner Begriff für die seltenen Stunden, die man als Familie gemeinsam hat, wenn Eltern, Kinder und andere Verwandte vielleicht abends, meist aber erst am Wochenende, zusammenkommen. Im Versuch, diese Quality Time bestmöglich zu nutzen, schießt man gerne übers Ziel hinaus und statt entspannter Tage mit Ruhe und Muße geht es bei vielen am Wochenende weiter wie unter der Woche: Termine, Termine, Termine.

Irgendwann pfeifen alle auf dem letzten Loch: Die Kinder sind völlig überdreht durch die Reizüberflutung, die Eltern machen abends um 22 Uhr noch die Küche sauber, weil der ganze Tag mit Freizeitaktivitäten ausgefüllt war, und flüchten montags in die Arbeit. Quality?

Klar, möchten wir mit anderen mithalten: Nachbarn, die von tollen Ausflügen schwärmen oder die neuste Kletterhalle ausprobiert haben; Kollegen, die erzählen, wie toll kreativ die Kinder beim Buchbinderworkshop waren oder in welchem Outlet die besten Schnäppchen zu machen sind. Aber die gefahrenen Kilometer, das ausgegebene Geld und die festen Zeiten machen aus der Zeit alles andere als »Frei-Zeit«.

Darum: Weg mit dem Freizeitstress. Raus aus dem Indoor-Spielplatz oder dem Shopping Center und rein in die freie Natur. Egal, wie das Wetter ist, und egal, ob die anderen schräg gucken, wenn Sie am Montag im Büro sagen: »Wir waren am Wochenende im Wald« oder »Wir haben es uns zu Hause gemütlich gemacht.«

Dieses Buch bietet viele Denkanstöße und Anregungen für Aktivitäten, Ausflüge, Spaziergänge, kleine Feste, Bastelarbeiten, Kochideen – und das alles ohne Zwang zur Formvollendung. Egal, wie viele linke Hände Sie haben, die hier gezeigten Basteleien bekommt jeder stress- und frustfrei hin. Und wenn nicht? Auch nicht schlimm! Es soll ja für die Familie und nicht für Pinterest gebastelt werden. Egal, wie klein Ihr Portemonnaie ist, die hier gezeigten Aktivitäten kosten fast alle wenig bis nichts und kommen ohne teures Bastelmaterial aus. Wir nehmen einfach das, was wir draußen finden, was wir sowieso schon haben oder schlichtweg Dinge, die andere als Müll bezeichnen würden. Und manche Bastelei wird sogar so toll, dass wir sie verschenken können. Egal, wie ungern die Kinder draußen sind, bei den vorgeschlagenen Ausflügen oder Festen ist für alle etwas dabei. Und wenn sie einmal richtig ordentlich im Matsch gewühlt oder ein bisschen am Feuer gekokelt haben, wollen Ihre Kinder gar nicht mehr rein – und Sie auch nicht.

Dafür haben Sie keine Zeit? Kein Problem, denn es geht nicht darum, jede Idee in diesem Buch sklavisch zu verfolgen und gleich eine weitere Pflichtveranstaltung daraus zu machen. Wenn Sie nur ein, zwei Stunden Zeit haben, dann schlage ich als Einstieg Folgendes vor: einfach mal gar nichts machen. Den Kopf frei kriegen von »muss, muss, muss«. Und bald bleibt dann auch ein Stündchen, um Eislichter zu basteln, das Bücherregal zu entrümpeln, Wolken gucken zu gehen, Pizza zu backen, ein schnelles Kinderzelt zu bauen, ein Herbarium anzulegen, Utensilienhalter aus alten Dosen zu basteln oder Kräuterseifen herzustellen. Also: raus aus dem Hamsterrad, rein in die Natur und einfach mal ein bisschen langsam machen.

Viel Spaß und Freude dabei wünscht
Sabine Huth-Rauschenbach

FAMILIENLEBEN

Täglich haben wir 1000 Dinge im Kopf und unendlich viel zu erledigen, dabei kommt manches zu kurz – leider häufig auch unsere Kinder. Wie können wir Zeit mit der Familie gemeinsam gestalten?

Zeit für die FAMILIE

WAS KÖNNEN WIR ALS FAMILIE GEMEINSAM MACHEN? WICHTIG DABEI IST NUR, DASS KINDER UND ELTERN DIE ZEIT GENIESSEN UND FREUDE DARAN HABEN.

Familie ist nicht gleich Familie. Wir alle leben unseren Alltag unterschiedlich, haben andere Rituale und Vorlieben. In unseren Familien versammeln sich verschiedene Persönlichkeiten mit unterschiedlichen Vorlieben und Charaktereigenschaften, daher ist jeder Familienverbund wie ein selbständiger Organismus, der auf Reize von außen ganz unterschiedlich reagiert. Die Wechselwirkungen zwischen den Familienmitgliedern, die starken oder leisen Charaktere, die Konflikte, die Wünsche und Träume sind nie homogen. Die einen sind weniger schnell gestresst und brauchen wuseligen Alltag, während die anderen gerne Ruhe und Muße haben. Deswegen horchen Sie bei der Lektüre dieses Buches immer wieder in sich hinein und reflektieren Sie Ihren Alltag: Inwiefern trifft das in diesem Buch Gesagte auf Ihre Familie zu? Wo fühlen Sie sich wohl, wo könnten Sie sich besser fühlen? Passen die Ideen zu Ihnen oder ist das etwas für andere? Vielleicht kennen Sie schon einige Bastelvorschläge, anderes ist Ihnen neu. Das ist gut so. Denn eines muss Ihnen immer klar sein: Kein Ratgeber, kein Kochbuch passt hundertprozentig zu einem. Natürlich hoffe ich, dass ein Großteil der Dinge gute Denkanstöße für Sie sind. Aber es wird auch Dinge geben, bei denen Sie von vornherein den Kopf schütteln und sagen: »Mit unseren Kindern wird das nichts.« Das fällt dann unter das Kapitel Vendémiaire – Leute so annehmen, wie sie sind, sie mit all ihren Eigenarten lieben, ihre Grenzen kennen und respektieren.

Wie benutze ich dieses Buch?

Sie können darin schmökern. Sie können es in einem Rutsch durchlesen oder aber sich Monat für Monat vorarbeiten. Sie können es Ihrer besten Freundin schenken oder es sich selbst schenken lassen. Sie können es mit in den Urlaub nehmen und entspannt darin herumblättern, während die Kinder im Sand spielen. Oder aber gerade, wenn es am hektischsten ist, bei einer kleinen Auszeit mit Kaffee oder Tee darin querlesen. Gelegentlich können Sie darauf auch ein Kind setzen, wenn der Stuhl zu niedrig ist, oder eine Mücke damit erschlagen. Wenn es Ihnen nicht gefällt und Sie es nur noch in Gebrauch haben, weil sonst der Balkontisch wackelt, sagen Sie mir Bescheid, für konstruktive Kritik bin ich immer offen.

Sie können das Buch auch weglegen und wieder hervorholen, wenn Ihre Kinder etwas älter sind. Denn jedes Kapitel liest sich anders, je nachdem ob Ihr Kind ein trotziges Kleinkind ist oder ein fleißiger Teenager. Ich habe versucht, alle Altersgruppen in diesem Buch einzubinden, aber generell wendet es sich an Eltern mit Kindern von etwa zwei bis zwölf Jahren. In dieser Zeitspanne macht man erfahrungsgemäß am meisten gemeinsam mit den Kindern – und am meisten durch. Vorher laufen sie irgendwie mit, später sind sie schon relativ eigenständig und haben eigene Interessen, die sie verfolgen. Hier empfehle ich das Kapitel zum Thema »Loslassen lernen« (Seite 130) sehr. Auch richtig streiten ist mit Teenagern eine Kunst für sich, ein diffiziles Unterfangen, das einem gelegentlich die ersten grauen Haare bescheren kann, wenn man sie nicht sowieso schon hat. Aber auch Streiten mit Kleinkindern will gelernt sein, besonders weil diese rationalen Argumenten deutlich weniger zugänglich sind (Seite 160).

Von der Wichtigkeit, nein sagen zu können

Damit Sie Zeit für die eine oder andere Bastelaktion haben oder generell einfach mal Zeit zum Durchschnaufen, sollten Sie eine wichtige Fähigkeit entwickeln: guten Gewissens mal »nein« zu sagen. Ich bin da noch mitten im Lernprozess, denn immer, wenn es in Schule oder Kindergarten heißt: »Wer organisiert das?«, kann ich nicht wie viele andere schweigen und einen Schritt zurücktreten. Ich stehe dann plötzlich alleine vorne, alle sehen mich an und natürlich sage ich: »Ja, ich mache es.«

KENNE ICH!

Vielleicht geht Ihnen das auch so. Die Schwiegermutter will am Samstagnachmittag für eine ausgedehnte Teestunde vorbeikommen? Aber natürlich, gerne backe ich einen Kuchen und kein Problem, die Aufräumaktion verschiebe ich auch auf die nächste Woche. Und selbstverständlich stehe ich gerne samstags um 6 Uhr auf, um den Wäscheberg auf dem Sofa wegzuarbeiten, damit Mutti auch einen Sitzplatz hat. Die Freundin fragt, ob ich mal wieder ihre Tochter mit von der Schule abholen und bis 17 Uhr betreuen könnte? Natürlich, auch wenn ich dann den ganzen Nachmittag als Streitschlichter fungieren muss, weil sich die Mädchen im Moment nicht viel zu sagen haben und lieber gar nicht miteinander spielen würden. Der Partner entscheidet spontan, ein paar Kumpels für einen ausgedehnten Fernsehabend mitzubringen? Klar, schmiere ich gerne noch ein paar Schnittchen, koche das famose Chili und stelle schon mal das Bier kalt, wenn ich um 16 Uhr mit müden, quengelnden Kindern von der Arbeit nach Hause komme. Was tut man nicht alles für seine Lieben!

STOPP! Diese Situationen sind genau jene, in denen Sie freundlich, aber bestimmt sagen können: »Nee, du, das passt mir gerade gar nicht. Da mach ich nicht mit.« Die ersten Male ist das wirklich unangenehm, aber glauben Sie: Über kurz oder lang fahren Sie besser damit. Denn wer es allen immer recht machen, für jeden da sein und immer flexibel sein will, ist irgendwann vor allem eines: ausgebrannt. »Nein« ist so zusagen das neue »Ja«. Probieren Sie es mal aus.

Warum diese französischen Monatsnamen?

Die Einteilung dieses Buches habe ich nach dem französischen Revolutionskalender vorgenommen, der – wie der Name schon sagt – von der Revolutionsregierung eingeführt wurde, allerdings nur vom 1792 bis 1805 in Kraft war. Ein recht kurzlebiges Produkt, darum aber nicht weniger interessant. Die stark regionale Ausprägung machte ihn für den Verkehr mit anderen europäischen Ländern unpraktisch und brach ihm quasi das Genick (hier mal ohne Guillotine). Die Grundidee des Kalenders war es, sich auf die Jahreszeiten zurückzubesinnen und die Einteilung der Monate unter astronomischen Gesichtspunkten vorzunehmen. So fällt jeder Monatsanfang mit der Wanderung des Mondes in die Tierkreiszeichen zusammen, und der Jahresbeginn war die Tag-und-Nacht-Gleiche im Herbst. Die Monatsnamen weisen auf jahreszeitliche Gegebenheiten hin und wurden so gestaltet, dass sie in jedem Quartal die gleiche Endung haben. Für mein Buch habe ich aber trotzdem den Jahresbeginn zum Wechsel Dezember/Januar gewählt, damit Sie sich besser zurechtfinden.

NEIN – EIN WORT, DAS WIR LERNEN MÜSSEN, DAMIT WIR ZEIT FÜR DIE WIRKLICH WICHTIGEN DINGE IM LEBEN HABEN.

STIMMT!

Die poetisch klingenden Namen und die etwas unkonventionelle Zeiteinteilung passen so viel besser zu der Grundidee dieses Buches als die Einteilung in die Monate des gregorianischen Kalenders. So ist für mein Gefühl z.B. die erste Hälfte des Monats Mai noch Frühling (teilweise kann es dann sogar noch schneien!) und die zweite Hälfte zählt gefühlt schon zum Frühsommer. Gerade die Namen haben es mir angetan, denn Erntemonat, Nebelmonat oder Frostmonat rufen ganz andere Emotionen hervor als September, November oder Dezember. Ich wollte gern weg vom klassischen Kalender, mit dem wir uns sowieso immer rumschlagen, diesem Gefühl »Oh Schreck, es ist schon wieder Mitte November und ich habe noch keine Füllung für den Adventskalender gekauft«. »Brumaire« klingt doch da viel entspannter, nicht wahr?

GENAUSO!

ke hauen, mittoben und alles aus den Schränken ziehen würden.

Selbstverständlich sind alle geäußerten Gedanken meine ganz persönliche Meinung, gespickt mit Erkenntnissen von »Experten« und weder von einem pädagogischen Institut geprüft noch von einem Erziehungs-TÜV abgenommen. Aber Sie können mir glauben: Meine Hinweise kommen von Herzen, fußen in einer langen Erfahrung bei der Erziehung meiner Kinder und den vielen Fehlern, die ich im Laufe dessen gemacht habe, einem tiefen Glauben an die Macht der Vernunft und rationaler Überlegungen sowie einer Abneigung gegen dogmatisches Ideologisieren. Wenn also manche meiner Texte widersprüchlich erscheinen, so liegt es daran, dass die Welt nicht schwarz oder weiß, gut oder böse, links oder rechts, öko oder trash ist. Sondern unser Leben ist eine verrückte Aneinanderreihung unlogischer, nicht kategorisierbarer Zufälle.

Jeder Monat hat seine Eigenschaften – Frost, Hitze, Nebel, Regen – berücksichtigen wir sie bei unseren Aktivitäten.

Ein bisschen was zum Nachdenken

Mit den Monatstexten möchte ich Sie zum Nachdenken anregen. Gerade im Alltag fahren wir uns oft fest und sind genervt, wissen manchmal nicht mehr, was eigentlich richtig oder falsch ist. Wem das nicht so geht, der ist vorbehaltlos zu beglückwünschen und vermutlich einer jener perfekten Menschen, bei denen die ganze Wohnung aussieht wie aus einer Hochglanz-Zeitschrift (und nicht nur die eine Ecke, die man immer für die Instagram-Fotos frei hält und die die einzig aufgeräumte in der ganzen Wohnung ist). Vielleicht lesen Sie dieses Buch aber trotzdem, weil Perfektionismus auch nicht immer das Wahre ist. Und auch wenn es Ihnen gut dabei geht – vielleicht würden sich Ihre Kinder freuen, wenn Sie mal so richtig auf die Pau-

Wir sind alle nur Menschen

Wenn Sie dann dieses Buch durchgeblättert haben, schmunzeln Sie vielleicht: »Ist ja alles schön und gut, tolle Ideen, prima Tipps, aber

KOMMT MIR BEKANNT VOR

für sowas werden wir mit unserem straffen Zeitplan nie Momente frei haben. Etwas weltfremd, solche Sachen vorzuschlagen ...«

Dass es Ihnen so geht, kann ich gut verstehen, denn während ich dieses Buch verfasste, war ich selbst manchmal regelrecht überwältigt von der Menge an Dingen, die ich machen wollte, irgendwie zwischen Hausaufgaben betreuen, Haushalt bewältigen, Buch schreiben und meine Kinder trösten. Es gab Phasen, da dachte ich bereits morgens unter der Dusche: »Ich werfe das Handtuch« (im übertragenen Sinne). Und mittags gab es schon wieder Nudeln mit Tomatensauce (was die Kinder allerdings gar nicht gestört hat), weil ich nicht fertig wurde, und ich dachte wieder: »Ich werfe das Handtuch.« Ich musste mich immer wieder motivieren. Es gab Momente, da war ich voller Elan und schrieb und bastelte und machte. Dann aber holten mich Schulprobleme und Erkältungswelle ein, und der ganze Kreislauf fing wieder von vorne an. Sie sehen also, ich bin nicht perfekt, sondern kämpfe und versage, hoffe und gebe auf wie alle Eltern.

Das vorliegende Buch ist darum auch kein »Müssen«, sondern ein »Können«. Entscheiden Sie ganz für sich, welche Ideen sie umsetzen wollen – und wann – und in welchem Umfang, und das ganz ohne Stress. Sie dürfen außerdem immer anderer Meinung sein und den Kopf schütteln. Lassen Sie mich wissen, wenn sie etwas wirklich ärgert, damit ich es beim nächsten Mal berücksichtigen und besser machen kann. Einen letzten Tipp noch: Nehmen Sie heute Ihre Kinder mal richtig fest in den Arm. Das macht man nämlich viel zu selten.

NUR FÜR ELTERN

DER TRAUM VOM PERFEKTEN FAMILIENLEBEN

Wie haben Sie sich Ihr Familienleben vorgestellt, als Sie noch zu zweit und in freudiger Erwartung waren? Hatten Sie bestimmte Vorstellungen davon, wie die Freizeit mit einem Baby, einem Kleinkind oder einem Schulkind auszusehen hat? Waren Sie sich sicher, dass Sie nie zu den Müttern gehören würden, die man manchmal in der Straßenbahn sieht: gehetzt, genervt und verschwitzt? Haben Sie sich geschworen, niemals Ihre Kinder anzuschreien? Alles harmonisch und schön? Die meisten Vorstellungen, die wir vom Familienleben haben, werden nach der Geburt leider einem ganz schön harten Realitätscheck unterzogen!

AUSGETRÄUMT?

NIVÔSE

[nivoz]
DER SCHNEEMONAT

Wir finden Ruhe und Stille und genießen die gemeinsame Zeit, versüßen uns den Winter mit duftendem Würzzucker, feiern ein fröhliches Fest im Wald und basteln ein zauberhaft glitzerndes Eislicht.

21. DEZEMBER BIS 19. JANUAR

ZEIT der Stille

ZEIT ZWISCHEN DEN JAHREN – EINE RUHIGE, BESINNLICHE ZEIT.
WIRKLICH? IST SIE NICHT EHER STRESSIG UND NERVIG?
WIE KÖNNEN WIR DAS ÄNDERN?

Es ist später Abend, als ich wegen eines lauten Knalls vom Sofa hochschrecke. Das Buch war mir aus der Hand gefallen, ich musste wohl kurz weggenickt sein. Die Kinder und ihr Papa sind beim Vorlesen bereits eingeschlafen und auch ich werde jetzt wohl besser ins Bett gehen, bevor ich die Nacht auf dem Sofa verbringe. Ich gehe durch die Wohnung, schalte Lichter aus, lasse Rollläden herunter und spähe noch einmal nach draußen. Es hat angefangen, leise zu schneien. Ich öffne das Wohnzimmerfenster und lehne mich hinaus. Eisige Luft strömt in die wohlig warme Wohnung. Sowohl drinnen als auch draußen ist es ganz still. Kein Vogel, kein Mensch, kein Hund, kein Windhauch regen sich. Nur vollkommene Dunkelheit und Stille – Schnee, der die letzten Geräusche dämpft. Ich fühle mich sehr alleine in dieser überbevölkerten Welt und genieße doch diesen Moment der absoluten Ruhe. Ich verzichte darauf, den letzten Rollladen runterzulassen, weil ich diesen perfekten Moment nicht zerstören will. Stattdessen ziehe ich leise die Vorhänge zu, knipse die Lichterkette vom Weihnachtsbaum aus und laufe auf leisen Sohlen in absoluter Dunkelheit zu meinem Bett.

Im Alpenraum spricht man von der Weihnachtszeit bis zum Dreikönigstag als der »staaden Zeit«. Das heißt so viel wie »Zeit der Stille«. Die Nächte werden auch Raunächte genannt und waren früher bevölkert von Geistern, Hexen und gefährlichen Geheimnissen – jede Menge Legenden stammen aus dieser Zeit. Die Stille, das Warten auf den neuen Lebenszyklus, die lebensfeindliche Dunkelheit, die von keinem elektrischen Licht erhellt wurde, waren für die Menschen in vorindustrieller Zeit derart furchteinflößend, dass sie mit jeder Menge Krach versuchten, die bösen Geister der Stille und der Dunkelheit zu vertreiben.

Ruhe im Alltag? Fast unmöglich!

Obwohl die Austreibung der Geister in den alpinen Regionen auch heute noch eine beliebte Tradition in der Silvesterzeit ist, müssen wir uns heutzutage um Geister und Dunkelheit keine Sorgen mehr machen. Schließlich werden wir überall und rund um die Uhr beschallt: die Autos auf der Straße hupen, das Radio dudelt, der Fernseher quäkt, aus den Supermarktlautsprechern tönt weihnachtliche Musik, die Kinder hören ununterbrochen Hörspiele, sogar im Gottesdienst an Heiligabend jagt ein Highlight das andere und selbst das Krippenspiel hat ausgeklügelte Soundeffekte. Kein Grund also, sich zu gruseln oder zusammenzuzucken, weil der Wind ums Haus heult. Denn den hört man über »Last Christmas« und »Do they know it's Christmas time« sowieso nicht mehr. Kein Grund also, der Zeit zwischen den Jahren besondere Bedeutung beizumessen, außer als stressiger Pflichtveranstaltung mit Verwandtenbesuchen bei Oma und Opa.

STIMMT!

Heutzutage werden wir von Lärm derart erdrückt, dass wir Weihnachten und die Feiertage, die Zeit bis zum 6. Januar, meist am Rande des Nervenzusammenbruchs verbringen. Wer hat noch nie gejammert: »Bin ich froh, wenn die Feiertage vorüber sind!«? Spätestens am zweiten Weihnachtsfeiertag piepst das iPad vom Sofa, im Kinderzimmer knallt es zwischen den Geschwistern und wenn Sie nicht gerade die Playlist von vorne anhören, ruft Sie der fiepende Geschirrspüler in die Küche. Die Verwandten streiten sich beim Plätzchenessen über das passende Reiseziel für den Sommerurlaub, die Kinder um Süßigkeiten und Geschenke und die Eltern über die richtige Bettgehzeit. Dieser Alltagslärm hat, ebenso wie ein Übermaß an Stille, etwas Erdrückendes. Wo ist sie hin, die »staade Zeit«, die in alten Weihnachtsliedern so liebevoll besungen wird, die stillen und heiligen Nächte, die still und starr ruhenden Seen oder der leise rieselnde Schnee? Ist es nicht absurd, dass gerade diese Zeit zur hektischsten und lautesten Zeit des Jahres geworden ist? Was macht das mit uns?

Lärm ist ein Stressfaktor

Auf jeden Fall stresst der Lärmpegel. Wie viel zu viel ist, empfindet jeder anders: Der eine fühlt sich auf dem Weihnachtsmarkt mit seinem bunten Liederpotpourri noch wohl, dem anderen ist schon das ständige Musikgedudel im Supermarkt zu viel. Dass diese permanente akustische Ablenkung nicht nur Kinder wirr macht, ist bekannt. Alltagslärm aber kann sehr hartnäckig und schwer abzustellen sein. Dass er auch Erwachsenen zunehmend auf die Nerven geht, zeigt der Boom von Retreats in stille Klöster oder von »Floating«, wo man in einem hermetisch abgeschlossenen Wassertank in fast gänzlicher Stille schwebt und die Ruhe genießt. Welch eine große Bedeutung der Stille zukommt, haben neben religiösen Gruppen – hier besonders der Buddhismus – auch Reformpädagogen erkannt. Maria Montessori zum Beispiel lässt durch Stilleübungen Kinder Kraft schöpfen und zu neuer Kreativität finden. Leider gibt es heutzutage immer weniger Rückzugsmöglichkeiten für Kinder, die Ruhe suchen. An Ganztagsschulen sind schon Grundschüler acht Stunden am Tag permanentem Krach ausgesetzt (wer einmal die »Ruhezonen« einer solchen Schule besucht hat, weiß dass der Name absurd ist). Manche Kinder kommen gut damit klar, andere wiederum leiden fast schon an einer posttraumatischen Belastungsstörung.

Wie wäre es, in dieser so genannten Zeit der Stille der Stille einmal Zeit und Raum im eigenen Familienleben zu geben? Schließlich leiden wir alle unter dem Krach des Verkehrs, dem Lärm von Streitigkeiten, den vielen Anforderungen der modernen Lebenswelt. Warum ertragen wir es nur schwer, ohne Ablenkung und Gequassel ein paar Tage in Ruhe zu verbringen? Ist Lärm eine willkommene Ablenkung von allem, was uns stört? Übertönt er vielleicht, im wahrsten Sinne des Wortes, manche Misstöne in der Familie? Was erreichen wir, wenn wir zu unseren Kindern »Seid endlich still« sagen? Geht es da wirklich um das Bedürfnis nach Ruhe oder eher um unser Bedürfnis, in Ruhe gelassen zu werden? Belegen wir nicht Stille für die Kinder so als negativ? Wieso wird still sein, die »stille Ecke« als Bestrafung eingesetzt und nicht als das gesehen, was es auch sein kann – ein Moment für alle, Kraft zu schöpfen, in sich zu gehen, mit sich selbst und den anderen ins Reine zu kommen?

> Die größte Offenbarung ist die Stille
>
> *Laotse*

In Ruhe auftanken

Die Zeit zwischen den Jahren, die Weihnachtszeit, die Rauhnächte, die staade Zeit, ist ideal, um einmal absolute Ruhe in das Familienleben zu bringen, sich ganz bewusst vom kommerziellen Geplärre abzuwenden, um sich als Einheit auf sich selbst zu besinnen. Schule und Kindergarten sind geschlossen, es sind weniger Autos unterwegs und sogar die Läden haben unter Umständen mal drei Tage am Stück geschlossen. Diese Stille ermöglicht die Rückbesinnung auf Erlebtes – etwas, was viele zum Jahresende sowieso machen –, aber anders als in bunt lärmenden Jahresrückblicks-Shows eher im stillen Kämmerlein und ganz persönlich. Abgesehen von Möglichkeiten der Selbstreflexion ist Stille auch körperlich erholsam. Gerade wer an Überforderung in Schule oder Kindergarten und auch im Job leidet, dem kann es guttun, sich der Stille hinzugeben und in sich selbst zu ruhen. Das funktioniert natürlich nicht sofort, schließlich verlangt über längere Zeit ruhig zu sein eine große Menge Selbstdisziplin. Der Mangel an Geräuschen wird von manchen Menschen auch heute noch als beängstigend empfunden, weswegen man zu jeder Gelegenheit versucht, sich mit Radio, Fernseher oder Musikabspielgeräten abzulenken und die Stille zu verbannen. Allzu oft scheinen wir nur im Spiegel von Alltagsgeräuschen das Gefühl zu haben, zu existieren, da zu sein.

Um eine wirklich ruhige Atmosphäre in der Familie herzustellen, müssen Sie daher zu allererst Smartphone, PC, Fernseher und Radio ausschalten. Am besten sagen Sie Freunden und Verwandten Bescheid, dass Sie über die Feiertage nur klassisch per Festnetztelefon oder vielleicht auch gar nicht zu erreichen sind.

> Die Stille der Nacht oder des Waldes kann der Seele ein Hilfsmittel sein, in ihre eigenen Tiefen hineinzulauschen.
>
> **Friedrich Lienhard**

GUTE IDEE!

Wem das für den Anfang zu radikal ist, kann auch klein anfangen und erst mal eine Sache weglassen und mit gemeinsamen Stilleübungen anfangen. Ideal wäre natürlich ein Urlaub in einer einsamen Hütte in den Bergen oder im Wald: Die Umweltgeräusche sind durch den weißen Schnee gedämpft, es ist wirklich richtig dunkel und wir lauschen dem Geräusch des knisternden Feuers. Dieser Ort der Stille ist allerdings ein Traum, der schwer zu verwirklichen sein wird, da er von Zeit, finanziellen Mitteln und der richtigen Witterung abhängt. Überlegen Sie also besser, wie Sie in Ihrem gewohnten Umfeld einen Ort der Stille finden. Folgende Fragen können Sie sich dabei stellen:

- *Wie laut ist mein Wohnumfeld?*
- *Was stört mich hier am meisten?*
- *Wie kann ich das positiv beeinflussen und mehr Ruhe hineinbringen?*
- *Auf welche Geräusche habe ich keinen Einfluss?*
- *Wann ist es bei uns am ruhigsten?*
- *Wann ist es am lautesten?*
- *Gibt es besonders störende Geräusche?*
- *Welche Lärmquellen werden von den einzelnen Familienmitgliedern als nervig oder störend empfunden und können gemeinschaftlich abgestellt werden?*

Oft sind es kleine Maßnahmen, die ein lautes Wohnumfeld behaglicher machen: Hallende Räume profitieren von Teppichen oder Wanddekorationen, eine laute Straße vor der Tür kann durch schalldämpfende Vorhänge etwas abgemildert werden, Benachrichtigungsgebimmel von Geräten lässt sich oft abschalten, brummende Transformatoren von Ladegeräten nachts per Kippsteckdose ausschalten und vieles mehr.

Stille kann auch belastend sein

Fühlt sich jemand in der gemeinsamen Zeit der Stille oder bei den nachfolgenden Stilleübungen besonders unwohl und kann partout nicht auf ablenkenden Lärm verzichten, gibt es dafür meist einen handfesten Grund. Für viele bedeutet Stille nicht nur die Abwesenheit von Lärm, sondern auch die Abwesenheit von ihn erzeugenden Menschen. Je nach persönlicher Lebensgeschichte kann einem diese Abwesenheit durch allzu große Ruhe besonders eindrücklich gemacht werden, z.B. wenn man einen lieben Menschen verloren hat und sich in der Stille nach seiner Stimme sehnt, wenn einen der Partner verlassen hat und man abends in eine stille Wohnung heimkehrt statt in ein Zwiegespräch oder wenn man in aller Stille die Wohnung der Eltern auflösen muss. Die Art von Stille, die ein Mensch hinterlässt, wenn er geht, prägt sich tief ein und führt dazu, dass man ohne Musik oder Hörbuch weder einschlafen noch sich konzentrieren kann. Stille macht dann bewusst, dass jemand weg ist, der vorher noch Geräusche erzeugt hat. Kurz zusammengefasst könnte man also sagen: Wo Lärm ist, ist auch Leben – daher auch der Krach und die Feierlichkeiten zu den Raunächten.

Aber auch andere traumatische Erlebnisse führen dazu, dass manche Menschen Stille nicht gut aushalten können. Die ablenkenden Eigenschaften von Lärm, Geräuschen, Geschichten und Musik werden von denjenigen, in deren Kopf sich das Gedankenkarussell dreht, gerne angenommen. Denn Stille bedeutet die Gefahr, dass plötzlich Gedanken, die man fest verschlossen wähnt, aus den Tiefen ins Bewusstsein steigen, und dass der Verdrängungsmechanismus nicht mehr funktioniert. Ist jemand also besonders quirlig und erträgt Ruhe und Frieden nur schwer, könnte die Ursache auch in negativen Erfahrungen in der Vergangenheit liegen. Je stabiler eine Persönlichkeit ist und je mehr sie mit sich, ihrer Umgebung, ihrer Biografie und ihren Verlusten im Reinen ist, desto besser kann sie Stille ertragen. Aber das heißt auch: Je öfter eine Person Stille erträgt, desto mehr kommt sie mit sich ins Reine. Aber keine Sorge, natürlich sind Menschen von Natur aus unterschiedlich und der eine ist ruhebedürftiger als der andere.

Stille ertragen zu lernen, ist ein durchaus schwieriger Prozess. Auch Kindern fällt das anfangs schwer, weil sie Stille zuerst einmal mit der Abwesenheit der überlebenswichtigen Bezugsperson in Verbindung bringen. Das ist auch der Grund dafür, dass Kinder sich von lärmendem Spielzeug besonders angezogen fühlen und abends beim Einschlafen die Tür offen haben wollen, damit sie die Eltern noch hören können, wenn sie sie schon nicht sehen dürfen.

Übrigens: Die Stille, die ich hier in dem Kapitel vorschlage, ist nie eine absolute Stille. Denn etwas macht immer kleine feine Geräusche: der Wind, der am Fenster entlangstreicht; die Bäume, die rascheln; eine Heizung, die gluckert; ein Vogel, der ruft; der Regen, der aufs Dach prasselt; das Sofa, das quietscht, wenn man sich erhebt; die Tasse, die klirrt, wenn man sie in den Schrank stellt. Machen Sie sich bewusst, dass diese Stille nur Abwesenheit von Menschenlärm ist. Aber sie eröffnet uns die Sinne für die kleinen Nebentöne, sei es in der Unterhaltung oder der Natur.

Wir ÜBEN Stille

RUHE UND STILLSEIN KÖNNEN WIR ÜBEN – AM ANFANG IST ES GAR NICHT SO LEICHT, ABER NACH UND NACH MERKEN WIR ALLE, WIE GUT DAS TUT.

Versuchen Sie, zwischen den Jahren einfach mal einen Gang zurückzuschalten und sich nicht von der Hektik und den vielen Verpflichtungen bedrängen zu lassen. Nein sagen zu können, ist hier eine wichtige Fähigkeit. Sie brauchen nicht auf jedem Fest aufzutauchen, nicht jede wilde Silvesterparty mitzufeiern, nicht zu jedem Verwandtenbesuch mit der ganzen Mannschaft anzutreten. Versuchen Sie, Ihren Kindern und auch sich selbst beizubringen, wie wichtig stille Momente im Alltag sein können. Diese Stille befähigt uns Menschen, zu uns selbst zurückzukehren und auch mit uns selbst klarzukommen. Wer immer auf der Suche nach der nächsten Ablenkung ist, weil er die Ruhe nicht erträgt, wird sich auch schlecht konzentrieren können. Stille ist also ein wichtiges Element in der Erziehung der Kinder zu selbstständigen, in sich ruhenden Menschen. Mit der folgenden Übung können Sie als ganze Familie die Stille genießen. Wählen Sie dazu eine Tageszeit, zu der es auch im Haus ruhig ist, also zum Beispiel Sonntagmittag. Dunkeln Sie den Raum ab, schließen Sie Türen und Fenster und stellen Sie das Telefon ab. Die Familie versammelt sich an einem gemütlichen Platz. Pro Person zünden Sie ein Teelicht in einem sicheren Glas an. Nun setzen sich alle mit Ihrem Teelicht vor sich auf den Boden, auf Kissen oder an den Tisch. So lange, bis das erste Teelicht merklich runtergebrannt ist, also etwa 45 Minuten, dürfen nur stille Aktivitäten stattfinden, zum Beispiel Zeichnen, Lesen oder Träumen. Danach wird die Stille mit einem kleinen Ritual aufgelöst. Schön ist gerade im Winter eine gemeinsame Teerunde, bei der Sie Ihre Gedanken, die in der Stille aufgekommen sind, austauschen können. Sie können erzählen, was Sie gelesen haben, und die gemalten Bilder gemeinsam betrachten. Bitte nehmen Sie sich nicht zu viel vor und seien Sie geduldig: Gerade für kleine Kinder ist dieses Experiment schwierig, weil Zeit individuell erfahren wird. Halten Sie eventuell die Stilleübung die ersten Male etwas kürzer oder beenden Sie sie früher. Je nach Erfahrung kann die Dauer nach und nach gesteigert werden. Kinder, die die Stilleübung bewusst stören, sollten Sie nicht schimpfen, sondern immer wieder versuchen, sie einzubinden. Nach einer Weile werden alle diese stillen Momente genießen.

GAAANZ RUHIG UND GAAANZ ENTSPANNT

Ein weiterer Schritt, die Stille zu genießen, kann auch eine richtige Meditation sein. Kinder können da schon gut mitmachen. Für etwas wuseligere Zeitgenossen eigenen sich Meditationsübungen, in denen ein leises, langsames Tier, zum Beispiel eine Schnecke, nachgestellt wird. Beginnen Sie im Flüsterton, von der kleinen Schnecke zu erzählen, die ruhig und still ihre Runden zieht, und fordern Sie Ihr Kind auf, sich wie diese Schnecke

Die größten Ereignisse – das sind nicht unsre lautesten, sondern unsre stillsten Stunden.

Friedrich Nietzsche

durch den Raum zu bewegen: leises Schleichen, vorsichtiges Kriechen. Immer wieder können Sie mit der Schnecke in Interaktion treten, z.B. indem Sie sie anstupsen und sie sich schnell in ihr Schneckenhaus zurückzieht. Ihr Kind soll sich dann wie eine Kugel auf dem Boden zusammenrollen. Um die Schnecke wieder aus dem Haus zu locken, können Sie ihr ganz sanft über den Rücken streicheln. Auch eine Schildkröte läuft langsam und bedächtig über den Boden, zieht ihren Kopf ein, wenn sie angestoßen wird, und lässt sich durch eine sanfte Massage wieder aus ihrem Panzer locken.

Entspannungstechniken helfen uns ebenfalls, zur Ruhe zu kommen. Viele kennen sie aus dem Yoga, aber unter dem Begriff »Autosuggestion« sind sie schon länger in Deutschland bekannt, vielleicht aber ein bisschen in Vergessenheit geraten. Sie können besonders älteren Kindern zum besseren Einschlafen verhelfen, sorgen aber auch tagsüber für Entspannung. Ihr Kind legt sich gemütlich auf den Rücken, zum Beispiel auf das Sofa, auf den Teppich oder ins Bett. Mit einer Wärmflasche können Sie schnell wohltuende Temperaturen und eine kuschelige Atmosphäre erreichen. Nun soll Ihr Kind die Augen schließen. Dann beginnen Mama oder Papa leise zu erzählen. »Meine Füße sind gaaaanz schwer. Sie lassen alle Anspannung los und sinken müde in das Sofa (oder den Teppich oder die Matratze – je nachdem, wo Ihr Kind gerade liegt). Meine Waden sind gaaaaanz schwer. Die Muskeln in den Waden sind entspannt. Meine Knie sind eeeentspannt.« So gehen Sie nach und nach alle Körperteile durch, die lockerlassen, entspannen, wohlig weich ins Sofa sinken, so wie wenn Sie am Meer im warmen Sand liegen. Zu guter Letzt entspannen sich die Ohren, die Augenlieder und der Kiefer, die Zunge liegt locker im Mund. Diese Übung lässt sich beliebig lange fortsetzen, indem Sie auch die Gedanken in den Schlaf schicken. Aber Achtung: Nie konkrete Sorgen formulieren – damit rütteln Sie jedes tiefenentspannte Kind sofort auf. Und passen Sie als müde Mutter oder müder Vater auf, dass Sie nicht durch die Autosuggestion neben Ihrem Kind einschlafen.

Stille und Meditation ermöglichen, wie wir schon gehört haben, auch das Zuhören. Insgesamt macht es uns die innere und äußere Ruhe möglich, uns besser auf die anderen Familienmitglieder zu konzentrieren. Hektik und Stress bleiben außen vor. Und oft zu kurz kommende Kuscheleinheiten können Sie dabei auch prima nachholen.

NUR FÜR ELTERN!

ABSOLUTE STILLE – HALTEN SIE DAS AUS?

Hand aufs Herz: Wann haben Sie das letzte Mal Zeit verbracht, ohne irgendwelche Unterhaltungsmedien einzuschalten? Wir ertragen es oft nicht, einfach in absoluter Stille unseren Gedanken nachzuhängen, und heißen jede Ablenkung in Form von WhatsApp-Meldungen, Musik oder Nachrichten herzlich willkommen. Vielleicht fangen Sie mit der Stilleübung einfach mal bei sich selbst an: Schalten Sie abends alles vom Fernseher bis zum Smartphone ab. Setzen Sie sich dann allein oder zu zweit auf das Sofa und genießen Sie in aller Ruhe ein Glas Wein. Gemeinsam schweigen kann auch sehr romantisch sein.

NELKEN, Zimt und Kardamom

WER KENNT DAS NICHT: IM KÜCHENSCHRANK TUMMELN SICH NACH WEIHNACHTEN JEDE MENGE BACKZUTATEN, OFT NUR NOCH KLEINE RESTE. ALLES BIS ZUM NÄCHSTEN WEIHNACHTSFEST AUFHEBEN? DANN VERFLÜCHTIGT SICH BEI VIELEN DAS AROMA. ABER ZUM WEGWERFEN SIND SIE ZU SCHADE.

Wärmender Würzzucker

Wenn Sie den Duft von orientalischen Gewürzen nicht nur vor Weihnachten mögen, sondern ihre wärmenden Eigenschaften auch im Winter zu schätzen wissen, sind Sie mit diesem Resterezept gut beraten. Und Ihre Kinder helfen sicher gerne mit – beim Herstellen genauso wie beim Aufessen.

150 g brauner Zucker
1 Messerspitze Kardamompulver
1 Messerspitze Zimtpulver
½ TL Nelkenpulver
1 Prise Pfeffer
1 Messerspitze frisch geriebene Muskatnuss

1 Glas
15 Minuten

Zucker und Gewürze zusammen in die Küchenmaschine geben, kurz fein zerkleinern und in einem Schraubglas aufbewahren.

TIPP: Würzzucker schmeckt gut in Tee, Kaffee, Punsch, auf Pfannkuchen und zu Bratäpfeln. Kleine Mengen geben auch einem Rinderbraten oder Schmortopf ein besonderes Aroma.

NIVÔSE
Nelke
Zimt
Muskatnuss
Kardamom
WÜRZ
ZUCKER

Winterfest im WALD

DIE VORWEIHNACHTSZEIT IST VOLLGESTOPFT MIT TERMINEN – LEIDER FEHLEN UNS DANN OFT EIN BISSCHEN MEHR RUHE UND ZEIT FÜREINANDER.

Warum nicht mal ein Winterfest im Wald feiern? Ob Sie das nun als Alternative zum Adventskaffee in der Vorweihnachtszeit machen oder sogar an Heiligabend selbst, an Silvester oder an einem beliebigen Wochenende im Januar ist egal. Wichtig ist, dass das Wetter einigermaßen mitspielt: also kein strömender Regen und auch kein heftiger Schneefall, denn beides wird es reichlich schwierig machen, ein akzeptables Feuer zu entzünden. Schnee und/oder Dauerfrost hingegen sind die perfekten Zutaten für ein schönes Fest an der frischen Luft. Frostiges Wetter hat einen Vorteil gegenüber Matschwetter: Sie werden nicht so nass und fangen nicht so schnell an zu frieren, wenn Sie sich alle schön warm anziehen. Für ein gelungenes Winterfest im Wald brauchen Sie:

EINE GEEIGNETE FEUERSTELLE: Das kann ein öffentlicher Grillplatz oder Ähnliches sein – einfach irgendwo im Unterholz Feuer anzuzünden ist verboten. Aber meist gibt es in der Nähe von Großstädten und auch in Urlaubsgegenden gute Grillplätze, die im Winter in der Regel nicht überlaufen sind. Alternativ bieten sich auch Kiesbänke von Flüssen an, dort ist normalerweise gegen ein Feuer nichts einzuwenden. Eine überdachte offizielle Feuerstelle ist aber vermutlich besser, denn dort ist es eher trocken und das Entfachen des Feuers ist einfacher. Natürlich ist es auch wichtig, dass der Grillplatz gut erreichbar ist, sodass Sie nicht alles, was Sie mitnehmen möchten, kilometerweit durch den verschneiten Wald schleppen müssen.

SITZGELEGENHEITEN: Wenn Sie im Schnee feiern und eventuell ein Rodelhügel in der Nähe ist, sind klassische Holzschlitten optimal: Sie eignen sich als Transportmittel für die benötigten Sachen (und kleinere Kinder) ebenso wie als Sitzgelegenheiten. Und rodeln können Sie natürlich auch noch damit. Ein offizieller Grillplatz verfügt meistens über eine Anzahl von Bänken. Als Sitzunterlagen nehmen wir immer alte Baumwollteppiche oder Flickenteppiche mit. Auch Isomatten sind gut geeignet, damit der Po schön warm bleibt.

Die Wintersonne glitzert auf dem Schnee, der Wald sieht ganz verzaubert aus und wir verstecken Leckerlis für die Waldtiere.

MÜTZE UND HANDSCHUHE NICHT VERGESSEN!

WARME KLEIDUNG: Bei einem Winterfest im Wald ist es egal, wie man aussieht, Hauptsache, es ist warm. Am besten kleiden Sie sich und Ihre Kinder im Zwiebellook, sodass Sie in der Nähe des Feuers eine Schicht Kleidung ausziehen können, während Sie für den Heimweg oder beim Spielen vielleicht alles überziehen müssen. Wichtig für die, die direkt am Feuer hantieren: Tragen Sie möglichst keine Kleidung aus Polyester oder ähnlichen Kunstfasern, da diese leicht entzündlich sind. Am besten sind Wollpullis, Walkjacken, Wachstuchjacken usw. Kinder in Schneeanzügen müssen immer einen Sicherheitsabstand vom Feuer halten. Packen Sie unbedingt Ersatzkleidung für Ihre Kinder ein. Auch schon lange trockene Kinder pieseln sich im Winter gerne mal ein, wenn sie nicht so schnell aus dem Schneeanzug herauskommen. Gelegentlich werden auch die Füße nass, wenn Schnee in die Stiefel fällt. Ich habe immer einen Rucksack mit Wechselsachen dabei – sogar trockene Socken für mich selbst – und habe bei allen Ausflügen immer mindestens ein Teil davon gebraucht. Es lohnt sich also meistens, etwas mehr mitzuschleppen.

TROCKENES HOLZ: Wenn Sie eine Winterparty im Wald mit Lagerfeuer planen, sollten Sie sich im Voraus um trockenes Holz kümmern. Denn auch wenn Sie später, wenn das Feuer richtig schön lodert, feuchtes Bruchholz aus dem Wald auflegen können, geht das Anzünden mit durchgetrocknetem Holz aus dem Vorrat deutlich leichter. Wir haben von unseren Schnitzprojekten immer eine Kiste Holzspäne im Keller stehen, die sich hervorragend als Anzünder eignen. Ferner sollten Sie mindestens zwei verschiedene Feuerquellen mitnehmen, Streichhölzer und Feuerzeug, falls eine Zündquelle ausfällt.

TIMING: Planen Sie die Feier am besten tagsüber, wenn die Kinder noch fit sind. Vielleicht scheint sogar die Wintersonne auf den Schnee. Im Winter wird es, besonders über einer Schneedecke, nach Einbruch der Dunkelheit sehr kalt. Besonders schön ist es, wenn Sie für den Rückweg im Dämmerlicht Fackeln dabei haben. Das ist ein festlicher Abschluss für Ihre Feier, die Ihren Kindern sicher lange in Erinnerung bleibt.

SPIELIDEEN FÜR KINDER: Am einfachsten ist es, wenn Schnee liegt. Dann können Sie einen Schneemann bauen oder sogar ein Iglu. Nehmen Sie dafür ein paar viereckige Plastikboxen, z.B. alte Eiskisten, mit, mit denen sich gute Iglu-Bausteine herstellen lassen. Das bringt Kinder wie Eltern ins Schwitzen und ist gut gegen kalte Füße. Später können Sie dann selbst gebastelte Eislichter (Seite 27) an den Eingang des Iglus stellen und die Kinder dürfen im Iglu ihren Punsch trinken. Eine zünftige Schneeballschlacht mit zwei Mannschaften bringt ebenfalls alle zum Glühen. Wenn das Wetter zwar kalt ist, aber kein Schnee liegt, können Sie einen Baumslalom machen: Dafür markieren Sie eine Rennstrecke und die Kinder müssen auf Zeit um die Bäume flitzen. Auch eine Schnitzeljagd rund um den Grillplatz macht Spaß. Gemeinsam mit Ihren Kindern können Sie kleine Geschenke für die Waldtiere verstecken, z.B. Äpfel, Möhren oder selbstgemachte Meisenknödel.

SPEISEN UND GETRÄNKE: Wer mit dem Sommergrillgut zum Wintergrillen geht und vielleicht sogar noch einen Nudelsalat einpackt, wird wenig Freude haben. Große Steaks benötigen im Winter Stunden, bis sie gar sind. Besser sind Rostbratwürste und Marshmallows, kleine Kartoffeln aus der Glut, Stockbrot mit Gewürzen, Glühwein und warmer Punsch sowie frisch gekochter Kaffee vom Lagerfeuer.

1.
2.
3.
Eislicht
1–2 TAGE
Frost
TANNEN-
zweige
Hagebutten
LÄRCHEN-
ZAPFEN

BASTELN IM WINTER

Glitzernde LICHTER für frostige Zeiten

EISLICHTER MIT BUNTEN BEEREN, TANNENZWEIGEN, WINTERBLÜTEN UND ZAPFEN SEHEN ZAUBERHAFT AUS UND BRINGEN LICHT IN DUNKLE ABENDE. SIE SIND SEHR UMWELTFREUNDLICH, DENN SIE HINTERLASSEN FAST KEINE SPUREN, UND DAS BESTE: SIE KOSTEN NICHTS.

Wir basteln Eislichter

Erklären Sie Ihren Kindern vor dem Basteln, dass die Winter-Beeren für uns Menschen giftig sind. Möchten Sie auch Beeren von Stachelpalme oder Eibe verwenden, sollten Sie Handschuhe tragen, denn diese Beeren können Hautreizungen hervorrufen. Ich lasse deshalb lieber die Finger davon.

Für 1 Eislicht

2 Metall-Schüsseln in unterschiedlichen Größen
bunte Winter-Beeren, z.B. Vogelbeeren, Hagebutten, Schneeball, Pfaffenhütchen
Heidekraut-Zweige mit Blüten
kleine Tannenzweige
Lärchenzapfen
eine Kaltfront mit starkem Nachtfrost

➤ Die größere der beiden Schüsseln mit Wasser befüllen. Die kleinere Schüssel mittig hineinsetzen und mit Steinen beschweren. ➤ Den mit Wasser gefüllten Zwischenraum mit Beeren, Tannenzweigen, Zapfen und Winterblüten füllen. ➤ Die Schüsseln über Nacht draußen auf dem Balkon oder in den Garten stellen, bis das Wasser gut durchgefroren ist. Je nach Kaltfront kann das auch mal ein paar Nächte dauern. Darauf achten, dass die Schüsseln tagsüber nicht in der Sonne stehen und wieder antauen. ➤ Wenn das Wasser vollständig gefroren ist, die äußere Schüssel von außen, die innere von innen kurz anwärmen, sodass Sie das Eislicht herauslösen können. In den entstandenen Hohlraum eine kleine Kerze oder ein Teelicht setzen und schon leuchtet es festlich glitzernd durch das Eis.

VARIANTE: Ist keine knackige Kaltfront in Sicht, können Sie mit zwei kleinen Müslischalen eine Mini-Variante machen, die Sie dann einfach zum Durchfrieren ins Eisfach stellen. Für ein paar Stunden überlebt dieses Eislicht auch Temperaturen um die null Grad, ohne sofort zu schmelzen.

PLUVIÔSE

[plyvjoz]

DER REGENMONAT

Wir entdecken Musik und Naturgeräusche, essen zur Stärkung Müslibissen, organisieren einen Familienabend mit Gesang und basteln ein Waldxylofon, dem wir unterschiedliche Töne entlocken.

20. JANUAR BIS 18. FEBRUAR

Schöne TÖNE

MUSIK IST DIE SPRACHE DER GEFÜHLE UND ERREICHT UNS OFT UNBEWUSST. WARUM IST MUSIK SO MÄCHTIG? UND WIE NEHMEN WIR MUSIK IM ALLTAG WAHR?

Ich haste die Rolltreppe der U-Bahn hoch. Mein Atem geht schnell, meine Gedanken rasen. Ich bin wirklich spät dran und wenn ich diesen Bus nicht bekomme, werde ich zu spät zur morgendlichen Sitzung kommen. Mein Puls ist am Anschlag, ich bin voller Adrenalin. Gerade als ich oben an der Rolltreppe ankomme, sehe ich meinen Bus um die Ecke verschwinden. Fluchend lehne ich mich an die Fensterscheibe einer Bäckerei und überlege fieberhaft, ob es besser wäre, auf den nächsten Bus zu warten oder zu Fuß zu gehen. Während mein Kreislauf in Aufruhr ist, höre ich aus dem unterirdischen Gewirr der U-Bahn-Station plötzlich das leise Spiel einer Geige, gefolgt von Gesang. Irgendetwas an der Melodie bringt lange verborgene Erinnerungen an einen Sommertag in London zum Vorschein. Die Anzeigetafel verkündet: noch 13 Minuten bis zur Abfahrt des nächsten Busses. Meine Entscheidung treffe ich ganz aus dem Bauch heraus – ich gehe der Musik nach und lasse mich für die nächsten fünf Minuten verzaubern.

Nachdem das Lied vorüber ist und ich der Musikerin ein paar Münzen in den Geigenkoffer gelegt habe, gehe ich wieder ans Tageslicht. Die Bäckerei hat gerade die Türen geöffnet, es riecht verführerisch nach frischen Croissants. Spontan beschließe ich, für die Kolleginnen Gebäck zu kaufen, zusammen mit einem Glas Aprikosenmarmelade. Ich fühle mich fast wie in einem Kurzurlaub dank dieser spontanen Idee und des Liedes, das ich gerade gehört habe. Plötzlich scheint die Sonne heller zu strahlen, der Himmel ist ein bisschen blauer und meine Laune deutlich besser. Ich komme zwar zu spät zur Sitzung, aber mit einer Tüte frischem Gebäck in der Hand wird mir das verziehen.

Musik tut einfach gut

Anders als geschriebener Text versteht Musik es viel mehr, Stimmungen herzustellen, zu verstärken oder zu ändern: Ein fröhliches Lied beim Wandern, und schon marschiert es sich flotter; ein tröstendes Gute-Nacht-Lied für das Kind, und schon schläft auch das Monster unter dem Bett ein; »Heile, heile, Segen«, und schon tut die Beule nicht mehr so weh; ein getragener Trauermarsch, und wir nehmen feierlich Abschied von einem lieben Menschen; kämpferische Fangesänge unterstützen die Mannschaft beim Sieg im Fußballspiel.

Und wenn der Sorge Last die Seele erdrückt, erhebt Musik sie wieder und entzückt.

Alexander Pope

Wissenschaftlich erforscht

Für die körperlichen Reaktionen auf Musik gibt es einfache Ursachen: Neurowissenschaftler haben herausgefunden, dass die drei Bestandteile der Musik – Rhythmus, einzelne Töne und Melodie – bei der Umwandlung von Schallwellen aus dem Ohr in Nervenreize im Gehirn unterschiedlichste Hirnareale anregen. Diese weiträumige Anregung löst viele physiologische Reaktionen aus: Der Blutdruck verändert sich, es werden Hormone und Botenstoffe ausgeschüttet, Muskeln fangen unwillkürlich an zu zucken – das unbewusste Im-Takt-Klopfen mit dem Fuß –, das Schmerzempfinden geht zurück und die allgemeine Hirnleistung nimmt messbar zu. Es scheint fast, als wäre Musik eine Art Krafttraining für das Gehirn. Besonders eindrucksvoll wurde das in den 1990er Jahren im so genannten »Mozart-Versuch« dargestellt, bei dem Probanden nach dem Genuss einer Mozart-Symphonie bei einem Intelligenztest deutlich besser abschnitten als Probanden, die vorher keine Musik gehört hatten. Generell wird angenommen, dass der Konsum von klassischer Musik Kindern beim Bearbeiten von Matheaufgaben helfen kann und dass Kinder, die ein Instrument spielen, automatisch ein besseres Verständnis für mathematische Zusammenhänge haben. Die daraus gezogene Schlussfolgerung, schon Babys im Mutterleib mit Mozart zu beschallen, ist vielleicht etwas überzogen. Forscher haben aber festgestellt, dass bereits Föten ein Musikgedächtnis anlegen und Jahre nach der Geburt bei Musik, die sie im Mutterleib gehört haben, messbare neurologische Reaktionen zeigen. Der Besuch eines Rockfestivals oder vieler klassischer Konzert beeinflusst also bereits sehr früh den späteren Musikgeschmack des Kindes.

Musizieren oder der Genuss von Musik schütten aber nicht nur Botenstoffe aus, sondern aktivieren durch ihre einzigartige Struktur auch das Belohnungssystem des Gehirns. So erwartet man zum Beispiel nach einem dramatischen Crescendo einen auflösenden Schlussakkord, wie es bei einer klassischen Symphonie der Fall ist. Wenn diese Auflösung im Musikstück dann erfolgt, wird sofort das Belohnungssystem des Gehirns angeregt und Dopamin ausgeschüttet – und Dopamin macht glücklich. Diese euphorisierende Wirkung von Musik wird beim Meditieren und anderen religiösen Praktiken schon seit Jahrtausenden genutzt, denken wir nur an gregorianische Gesänge, indische Mantras oder buddhistische Musik. Derart mächtig ist der Einfluss der Musik auf unseren Körper, dass Musiktherapie mittlerweile eingesetzt wird, um depressiven, dementen und sogar krebskranken Menschen Linderung zu verschaffen. Man hat ferner herausgefunden, dass fröhliche Melodien, die fast jeder Mensch auch als solche erkennt, aktiv den Level des Stresshormons Cortisol senken. Das ist dann auch der Grund dafür, dass Lieder oft beruhigend auf Kinder wirken und ein Baby, das von seiner Mutter leise ein Lied vorgesummt bekommt, besser einschläft.

Natürlich hat nicht nur der Konsum von Musik einen großen Einfluss auf unseren Körper, auch das Musizieren selbst hat positive Auswirkungen, weil neben den genannten Hirnarealen auch noch die Motorik gefragt ist. Eckart Altenmüller, Leiter des Instituts für Musikerphysiologie und Musikermedizin in Hannover spricht sogar davon, dass durch das Musizieren viele neue Verknüpfungen im Gehirn entstehen, die Hirnhälften besser vernetzt werden, was später auch für andere Tätigkeiten nützlich ist, z.B. für das Lösen von Matheaufgaben oder Ähnlichem. Allerdings muss dazu auf einem relativ hohen Niveau relativ häufig musiziert werden – um es zur Exzellenz bei einem Instrument zu bringen, muss im Schnitt 10 000 Stunden geübt werden. Kinder, die nur eine Stunde die Woche ihr Instrument spielen, hatten in einer aktuellen Studie der Universität Graz keine messbaren Veränderungen im Gehirn. Kinder dagegen, die relativ viel spielten, konnten einen deutlich besser entwickelten auditiven Kortex vorweisen und schnitten auch im Gehörtest deutlich besser ab. Der auditive Kortex ist das Hörareal im Gehirn und beherbergt auch das Wernicke-Zentrum, das für das Sprachverständnis zuständig ist.

ACH, SO IST DAS

Seien Sie also nicht enttäuscht, dass aus Ihrem Kind, das mit Widerwillen eine Stunde pro Woche Gitarre übt, kein neuer Albert Einstein wird. Das Musizieren hat noch andere positive Wirkungen, zum Beispiel Schulung der Motorik, des Durchhaltevermögens oder der Hand-Auge-Koordination. Besonders beim Klavierspielen, bei dem beide Hände unterschiedliche Melodien spielen müssen, sind Koordination und Rhythmusgefühl gefragt. Die neurologischen Auswirkungen des Musizierens werden immer noch intensiv erforscht und werden mit der Weiterentwicklung der Messtechnik auch bald verlässlichere Ergebnisse liefern. Denn auch das Hören der selbst gespielten Musik hat Auswirkungen auf die Hirnreife, zum Beispiel durch das ausgeschüttete Serotonin, dass eine stimulierende Wirkung hat.
Was aber im Gegensatz dazu schon relativ feststeht, ist der Schluss, den Soziologen ziehen: Die Wirkung von Musik liegt für sie im Herstellen und Festigen von sozialen Strukturen durch das gemeinsame Musizieren, und das schon seit Anbeginn der Menschheit. Musik schafft Rituale, z.B. das Begrüßungslied im Kindergarten. Musik schafft darüber hinaus auch Verbundenheit, was man besonders gut in Chören oder Orchestern beobachten kann. Wer gemeinsam Lieder singt, der ist eine Gemeinschaft – gerade für Kinder, die sich sozial schwer eingliedern, kann das Singen im Chor eine wertvolle Erfahrung sein.

Gemeinsam Musik machen

Gerade deshalb ist eine Einbindung von mehr Musik in den Familienalltag eine tolle Möglichkeit, um Familienstrukturen zu festigen, gemeinsame Rituale einzuführen und das Zusammengehörigkeitsgefühl zu fördern. Zusammen singen und musizieren kann hier das gemeinsame Erleben und Zusammenleben noch schöner machen und ist, je nachdem wie Sie es anpacken, auch nicht sonderlich zeitintensiv. Besonders wichtig sind solche gemeinsamen Rituale, wenn durch größere Veränderungen Strukturen in der Familie neu definiert werden müssen, weil etwa ein Geschwisterkind geboren wurde, die Schulzeit beginnt oder ein Umzug ansteht. Um mehr Musik in den Familienalltag zu bringen, brauchen Sie nicht zu einer wagnerischen Musikerdynastie zu mutieren. Auch muss nicht jeder ein Instrument spielen können. Der Musik und dem Singen einen größeren Stellenwert als dem üblichen Hintergrundgedudel des Autoradios zu geben, reicht meist schon. Häufiges, gemeinsames Singen – zum Beispiel an Stelle des Autoradios – oder das gemeinsame, bewusste Anhören eines Musikstücks ist ein erster Anfang. Gemeinsame Rituale, die um Musik kreisen, wie ein Aufstehlied, ein Aufräumlied, ein Guten-Appetit-Lied oder ein Abschiedslied, vermitteln gerade kleineren Kindern Geborgenheit und verlässliche Strukturen im Alltag. Auch das klassische Sonntagskonzert beim gemütlichen Familienfrühstück ist ein schönes Ritual.

GUTE IDEE!

Trotz der Mozart-Versuche und des allgemeinen Drangs, immer alles in Perfektion zu betreiben, sollten Sie nicht über das Ziel hinausschießen und Ihre Kinder zu musikalischen Höchstleistungen drillen: Ein schiefer Ton ist kein Affront. Seien Sie beruhigt: Laut Daniel Levitin, einem Neurowissenschaftler, sind nämlich alle Menschen grundsätzlich musikalisch und fähig, einfache, eingängige Lieder fast korrekt nachzusingen und den Rhythmus richtig zu erfassen. Kleine Kinder benötigen dafür nicht mehr als ihre Hände, mit denen sie den Takt mitklopfen. Durch häufiges Wiederholen von Liedern üben sie neben ihrem Musikverständnis außerdem gleich noch Sprache auf spielerische Weise ein. Es ist erstaunlich, über welch einen Liedschatz bereits Kindergartenkinder verfügen. Kinder, die sich schwertun, komplexe Sätze zu bilden oder manche Laute korrekt auszusprechen, können in Liedern plötzlich verrücktes-te Satzstrukturen nachahmen. Vielleicht ist das Sprechen durch viele Ermahnungen schon negativ belegt (jetzt schimpft Mama bestimmt wieder), während das Singen unvoreingenommen ist.
Welche Musik Sie hören oder spielen, ist übrigens egal, schließlich soll es in erster Linie Spaß machen und dem gemeinsamen Erleben dienen. Wenn sich Ihre Familie also auf einen aktuellen Popsong als Familienritual einigt, ist das in Ordnung. Auch umgedichtete Kinderlieder sind völlig okay. Generell geht es erst einmal nur um das gemeinschaftliche Erzeugen von Tönen, das Vertiefen von Sprachfertigkeiten beim Singen sowie dem Nachspüren von Musik in der Natur. Bei uns in der Familie sind

zum Beispiel neben Kinderliedern die Beatles und die isländische Band Sigur Ros besonders beliebt, aber auch »Peter und der Wolf« oder »Der Nussknacker« werden gerne gehört. Achten Sie nur darauf, dass die Musik möglichst harmonisch ist, weil Musik mit großen Brüchen oder Dissonanzen für Kinder schwerer nachzuahmen bzw. zu singen ist.

Ein spielerischer Einstieg in die Musik macht Kindern und Eltern Freude.

OMA UND OPA FRAGEN

Da unser Empfinden für Harmonien, Rhythmus oder Klangfarben stark durch unsere Umgebung und Herkunft geprägt ist, kann es für Familien auch ein schönes Experiment sein, musikalische »Ahnenforschung« zu betreiben und herauszufinden, welche Musik zum Beispiel Oma mochte, warum und woher diese Art der Musik kommt. Vielleicht gibt es einen Großvater, der im Kirchenchor war und ein breites Repertoire an Kirchenliedern hat oder aber einen Großonkel, der in einer Bergwerkskapelle spielte.

Auch manches Instrument hat ganz klar regionale Prägung, z.B. die Zither aus dem Alpenraum, das klassische Schifferklavier oder die französische Bombarde, eine Art Klarinette. Wer sich also intensiver mit der Musik seiner Vorfahren auseinandersetzt, z.B. über Fotos, Erzählungen, erhaltene Musikinstrumente, Liedgut und Noten, wird einen reichen Schatz finden, mit dem Sie dann manchen Liederabend bunt gestalten können. Je mehr Familienmitglieder mitmachen, desto schöner wird so ein Abend. Vielleicht hat Opa ja Lust, einen alten Protestsong zum Besten zu gehen, während Tante Käthe die Leier bedient oder Onkel Rudi ihn mit dem Schifferklavier begleitet. Oft haben gerade Mitglieder der älteren Generation weniger Hemmung beim Musizieren, da früher viel mehr gesungen und Instrumente gespielt wurden. Von ihnen können wir gut lernen, was für ein schöner Zeitvertreib das Musizieren ist und wie sehr Musik zu unserem Leben dazugehören sollte.

Musik in der NATUR

WIR LAUSCHEN AUF DIE TÖNE IN DER NATUR: VÖGEL SINGEN, BIENEN SUMMEN, REGENTROPFEN KLOPFEN AN DIE FENSTER, DER WIND HEULT UM DAS HAUS.

Ein spannendes Abenteuer ist es, sich gemeinsam mit den Kindern auf die Suche nach dem Ursprung von Musik zu machen und zu versuchen, Geräusche und Töne, Melodien und Rhythmen, Harmonien und Disharmonien in Natur und Umwelt zu erkennen. Ob Vogelkonzert, Regentropfenpreludium oder Windgesang – in unserer Umwelt steckt mehr Musik, als man denkt. Die Stilleübung aus dem vorigen Kapitel ist übrigens eine gute Vorbereitung darauf, Töne der Natur um uns herum bewusster wahrzunehmen, denn dafür muss man erst mal den Alltagslärm abschalten oder ausblenden. Wer alle Geräte im Haus abschaltet, kann zum Beispiel den Unterschied zwischen plätscherndem Frühlingsregen, der abends oder nachts an das Fenster klopft, und dem wunderbaren Sommerregen, der auf heißen Asphalt klatscht, hören lernen.

Der amerikanische Komponist Bernie Krause ist überzeugt, dass der Ursprung menschlicher Tonkunst in den Tönen der Natur liegt. »Wenn Sie sich das Notenbild irgendeiner Symphonie anschauen, ist das prinzipiell nicht anders. Unten stehen die Bässe und oben die Flöten. Und bei der Biophonie verhält es sich schon immer genauso. Da besetzen die Säugetiere die tiefen Frequenzen, Insekten und Vögel die hohen und dazwischen tummeln sich viele andere Lebenslaute, die alle ihre Nische nicht nur in der Bandbreite finden, sondern auch zum entsprechenden Zeitpunkt«, so Bernie Krause im Deutschlandfunk. Um diese Zusammenhänge zu zeigen, hat er über Jahre viele Tonproben aus der ganzen Welt zusammengetragen. So können Sie sich auf der zu seinem Buch »Das Orchester der Tiere« gehörigen Tonsammlung im Internet die unterschiedlichen Meeresbrandungen, Windarten, Tiergeräusche und vieles mehr anhören – vielleicht eine kleine Vorübung für gemeinsame Hörexperimente mit Ihren Kindern. Wer Lust und technisches Geschick hat, kann sogar versuchen, mit der Familie zusammen eigene Naturklanglandschaften, so genannte Soundscapes, aufzunehmen. Denn jede Regenrinne, jede Amsel, jeder Wind, der durch den Baum streicht, jeder Urlaubsort, jedes Ausflugsziel, klingt anders. Mit einem guten Aufnahmegerät oder einfach mit dem Smartphone aufgenommen entsteht so ein Tagebuch der Töne, auf das Sie später zurückgreifen können: eine schöne Ergänzung zu Urlaubsfotos.

Morgens mache ich gern Folgendes: Wenn ich meine Kinder geweckt habe und sie noch verschlafen in ihren Betten liegen, öffne ich erst

SCHÖNE TÖNE ENTSTEHEN NICHT NUR beim Spielen einer Geige – AUCH WIND, WETTER, TIERE UND BÄUME HABEN IHRE eigenen WEISEN.

MAL AUSPROBIEREN! →

einmal das Fenster und wir lauschen in die Umwelt hinaus. Im Frühjahr ist in der Morgendämmerung eine wahre Symphonie der Vogelstimmen zu hören, die derart laut ist, dass man fast keinen Wecker mehr benötigt. Diese kleine Übung weckt sanft auf, die frische Luft versorgt das Gehirn mit Sauerstoff und der erste Schritt in den neuen Tag ist deutlich entspannter als mit nervigem Weckergebimmel.

Neben schönen Tönen gibt es natürlich auch Geräusche in unserer Umgebung, die uns furchtbar stören. Das monotone Tropfen des kaputten Wasserhahns beispielsweise ist ein Klassiker der nervigen Geräusche. So wie nicht jede Musik schön und entspannend ist, gibt es auch Naturgeräusche, die sich nicht für Entspannung und Meditation eignen. Diese Unterschiede erkennen zu können, ist ein wichtiger Lernprozess für Kinder. Deswegen darf beim Liederabend (Seite 38) auch mal richtig gelärmt werden, einfach um im Kontrast dazu die ruhige sanfte Harmonie einer Bach-Etüde oder eines Kinderliedes besser verstehen zu lernen.

Wie bereits erwähnt wird durch die Musik die Konzentration gesteigert und das Zusammengehörigkeitsgefühl gestärkt. Außerdem hat sie einen positiven Einfluss auf Blutdruck, Hormonhaushalt und Dopaminausschüttung. Das gemeinsame Musizieren in der Familie hat aber noch einen Vorteil: Es fördert das Zuhören-Können. Allzu oft ist man nur mit halbem Ohr dabei, wenn Kinder oder der Partner etwas erzählen. Gemeinsames Singen hingegen erfordert genaues Hinhören, damit alle im gleichen Rhythmus und in der richtigen Tonhöhe bleiben. Ein Klang kann es auch sein, der Zuhören überhaupt erst möglich macht. So kann eine Klangschale neben dem Esstisch sehr nützlich sein: Anstatt bei wuseligen Kindern in die Kakophonie einzustimmen und mitzuschreien, reicht ein Schlag gegen die Klangschale und der ruhige brummende Ton erinnert Ihren kleinen Schatz daran, innezuhalten und ruhig zu bleiben. Es ist wirklich erstaunlich, wie gut das funktioniert.

NUR FÜR ELTERN

MUSIK BEDEUTET IHNEN NICHTS?

Kinderlieder singen ist Ihnen peinlich? Spüren Sie nach, hören Sie in sich hinein, denken Sie an früher, Sie waren schließlich selbst mal jung. Und Jugendliche definieren ihre Gruppenzugehörigkeit oft über Musik. Was haben Sie damals gerne gehört? Vielleicht ist es an der Zeit, die alten Mixtapes vom Dachboden zu holen, alte CDs rauszukramen und gemeinsam einen Abend in Erinnerungen zu schwelgen. Was hat Ihr Partner früher gerne gehört? Gibt es gemeinsame Erinnerungen an Konzerte, Festivals, vielleicht sogar ein gemeinsames Lied? Sie werden sehen, dass Sie mehr mit Musik assoziieren, als Sie denken.

Musizieren macht HUNGRIG

FÜR DEN KLEINEN HUNGER ZWISCHENDURCH, WÄHREND EINER VOGELSTIMMENWANDERUNG ODER ALS PAUSENSNACK EIGNEN SICH DIESE MÜSLIHÄPPCHEN HERVORRAGEND. SIE SIND LECKER, BRINGEN SCHNELLE ENERGIE, SIND GESUND UND SEHR GÜNSTIG HERZUSTELLEN.

Müslibissen für Singvögel

Für diese Riegel können Sie gut Reste von Nüssen und Haferflocken verwenden. Und auch das Müsli, das bei der Familie vielleicht nicht so gut angekommen ist, findet so eine leckere Verwendung und wird bestimmt aufgegessen.

60 ml Wasser
100 g Honig
50 g feiner Rohrohrzucker
200 g feine Haferflocken
100 g Müslimischung
50 g Leinsamen
100 g Pecan- oder Walnüsse
1 TL Zimt
1 Prise Salz
2 Eier
etwas Rohrohrzucker

für 15 Riegel
40 Minuten

Den Ofen auf 180 °C Umluft vorheizen. Wasser, Honig und Zucker in einem Topf auf mittlerer Stufe erhitzen, bis sich der Honig und der Zucker aufgelöst haben. Die trockenen Zutaten mit Gewürzen und Salz in einer großen Rührschüssel vermischen. Die Eier trennen. Das Honigwasser und die Eigelbe in die Schüssel geben. Alles 10 Minuten quellen lassen. Die Eiweiße halb steif schlagen und unter die Mischung rühren. Ein Backblech mit Backpapier auslegen, die Müslimischung daraufstreichen und mit dem Teigschaber glatt ziehen – je flacher desto knuspriger, je höher desto saftiger werden die Riegel. Mit etwas Rohrohrzucker überstreuen und die Mischung bei 180 °C Umluft etwa 25 Minuten backen. So lange die Masse heiß ist, in der Form in kleine Quadrate schneiden. Dann abkühlen lassen und später verpacken.

VEGANE VARIANTE: Die Eier durch zwei sehr reifen Bananen ersetzen. Etwas länger backen lassen.

Der LIEDERABEND

GEMEINSAM SINGEN ODER MUSIZIEREN MACHT FAST ALLEN KINDERN SPASS UND STÄRKT DAS ZUSAMMENGEHÖRIGKEITSGEFÜHL. PROBIEREN SIE ES DOCH MAL AUS!

Hausmusik? Ist doch altmodisch! Wirklich? Lassen Sie sich da mal nichts einreden. Auch wenn viele über die Idee eines Liederabends die Nase rümpfen und lieber die Streamingdienste für Unterhaltung bemühen, gibt es ein paar gute Argumente für das gemeinsame Musizieren: Es macht Kindern Spaß, das Singen schult neben dem Rhythmusgefühl auch die Sprache – der Wortschatz gerade von kleineren Kindern wird spielerisch erweitert –, Kinder haben kleine Erfolgserlebnisse und sind nach einer Stunde Musikmachen sehr schön entspannt. Und etwas verschämte Eltern, die sich nicht trauen, außerhalb der Dusche laut zu singen, kommen auch gleich mal aus ihrem Schneckenhaus heraus. Letztendlich ist es eine schöne Familienaktivität, die kaum Spezialkenntnisse fordert, schnell auf die Beine gestellt ist und keinen Euro kostet. Für einen gelungenen Liederabend benötigen Sie:

ETWAS ZEIT: Wählen Sie am besten einen Freitag- oder Samstagabend, sodass es nichts ausmacht, wenn es etwas später werden sollte, weil alle so viel Spaß am Musizieren haben. Am nächsten Tag schlafen Sie dann alle etwas länger. Legen Sie gemeinsam einen Termin fest, der auch in den Familienkalender eingetragen wird.

IST BESTIMMT WITZIG!

EINEN FAMILIEN-LIEDSCHATZ: Suchen Sie gemeinsam Lieder aus, die gesungen werden sollen, jedes Familienmitglied darf sich etwas wünschen. Ohne Wertung sollten alle Beiträge aufgenommen werden, egal ob es sich um ein einfaches Kinderlied, den Titelsong einer beliebten Fernsehserie, den Fußballfangesang oder eine Arie aus »Turandot« handelt.

EINE AUFGABE FÜR JEDEN: Jedes Familienmitglied darf außerdem aktiv einen Beitrag zur Gestaltung des Abends liefern, zum Beispiel den Raum gemütlich herrichten, Liedtexte besorgen und abschreiben, Musikinstrumente bereitstellen oder eine CD mit Melodien heraussuchen. Ich habe die Erfahrung gemacht, dass Kinder lieber bei etwas mitmachen, wenn sie auch schon in die Vorbereitungen eingebunden werden.

EIN PAAR QUATSCHLIEDER: Meine Kinder lieben es, auf bekannte Kinderliedmelodien neue Texte zu dichten. Das fördert die kreative Verwendung von Sprache und macht allen Spaß. Zur Auflockerung oder zum Einstieg können Sie gern eine kleine Runde Quatschlieder erfinden, die manchmal auch in den Liedschatz der Familie eingehen können.
Natürlich kann es sein, dass bei Kindergartenkindern dann Pups-Pipi-Kacka-Lieder besonders beliebt sind – da dürfen Sie dann gern sanft und kreativ gegensteuern.

KEINE KRITIK: Jeder hat ein eigenes Talent, manche Familienmitglieder sind mit Sicherheit musikalischer als andere. Wichtig ist hier, sich zurückzunehmen und nicht an Tonlage oder Rhythmus herumzukritisieren, denn sonst verfliegt der Spaß an der Musik sicherlich schnell. Es geht hier nicht um den Wettbewerb: Wer ist der bessere Musiker? Erstmal ist völlig wertfrei alles Musik, auch wenn der Kleinste in der Familie nur lärmend auf einem alten Topf herumhaut.

EIN PAAR MUSIKEXPERIMENTE: Überlegen Sie mal zusammen: Mit welchen Alltagsgegenständen könnten wir Musik machen? Einfach und faszinierend ist hier die Glasorgel: Füllen Sie verschiedene Gläser unterschiedlich voll mit Wasser. Wenn Sie nun vorsichtig mit einem Löffel daranklopfen oder – hohe Kunst –

Gläser, Töpfe, Holzlöffel, Trichter – alles lässt sich zum Klingen bringen – und schon steht das Familienorchester.

mit einem feuchten Finger den Rand entlangfahren und das Glas so zum Schwingen bringen, entstehen unterschiedliche Töne. Aus unterschiedlich hoch befüllten Glasflaschen, über deren Rand Sie pusten, kann eine Art selbstgemachte Pan-Flöte werden.

MAL AUSPROBIEREN!

SPASS, SPASS, UND NOCHMAL SPASS: Damit der Liederabend nicht zu einer lästigen Pflichtveranstaltung gerät, bei der mit ernster Miene Schuberts »Winterreise« dargeboten wird, darf gerade für kleinere Kinder den Spaßfaktor nicht fehlen. Wie die bereits erwähnten Quatschlieder oder die Musikexperimente kann das auch eine Runde Ramba-Zamba sein. Nur wer Spaß und Freude am Musizieren entwickelt, wird später ernsthaft auch schwierigere Lieder mitsingen. Ramba-Zamba bedeutet nichts anderes als alle verfügbaren Töpfe, Schüsseln oder Ähnliches auf dem Boden auszubreiten und mit Holzlöffeln oder Metallquirls so viel Krach wie möglich zu machen. Erstaunt werden Sie feststellen, dass sich die Kinder ganz von alleine auf einen Rhythmus einigen. Und die Nachbarn werden Ihnen den gelegentlichen Lärm hoffentlich verzeihen.

EIN ANFANGS- UND EIN ENDRITUAL: Kinder lieben es, wenn es ein Familienlied gibt, das am Anfang und am Ende des Liederabends gesungen wird. Das kann alles sein von »Spannenlanger Hansel« bis hin zu »Herz über Kopf«. Dieses Familienlied ist übrigens auch geeignet, um auf langen Spaziergängen oder Autofahrten die Stimmung hochzuhalten oder um ein Kind zu trösten, das sich zum ersten Mal vom Mama und Papa verabschieden muss (Eingewöhnung im Kindergarten). Oder singen Sie es einfach so zwischendurch, weil Singen nunmal Spaß macht.

ETWAS LECKERES ZUM ESSEN HINTERHER: Wer musiziert und gesungen hat, hat nicht nur seine Lungen gekräftigt, sondern hinterher vermutlich tüchtig Appetit. Eine schöne Gelegenheit, als Familie gemeinsam am Tisch zu sitzen, sich zu stärken und die Musik Revue passieren zu lassen. Besonders geeignet sind einfache, schnell zubereitete Gerichte oder auch ein Schmor- oder Eintopfgericht, das bereits auf dem Herd blubbert, während Sie singen. Jedenfalls sollten Sie einen Abendschmaus vorbereiten, denn hektisches Überlegen, was Sie essen könnten, während die Kinder schon vor Hunger quengeln, vernichtet leicht alle positive Energie.

Ping
poong
poong
Pennggggg
Waldxylofon

MUSIK schallt aus dem WALD

KEIN KLAVIER IM HAUS? GITARRE GERADE VERLIEHEN? GEIGEN HÄNGEN AM HIMMEL UND DAS SCHLAGZEUG WURDE AUS RÜCKSICHT AUF DIE HAUSMITBEWOHNER VERKAUFT? WER KEIN PROFESSIONELLES INSTRUMENT ZU HAUSE HAT, MUSS AUFS MUSIZIEREN TROTZDEM NICHT VERZICHTEN.

Das Waldxylofon

Es gibt vielfältige Möglichkeiten, Instrumente selbst herzustellen. Und warum das Instrument dann nicht einfach dort aufstellen, wo der Rohstoff wächst?

einige relativ lange, gerade Äste oder Schwemmholzstöcke
1 Handbohrer, 16 mm ⌀
Naturfaserkordel
1 langer, quer hängender Ast

➨ Fassen Sie das Stück Holz mit zwei Fingern oben an, lassen Sie den Assistenten erst auf die Mitte und dann immer weiter nach unten klopfen. Dabei rutschen Ihre Finger hinterher, so lange, bis Sie die Stelle gefunden haben, an der das Holz am besten klingt. Markieren Sie diesen Punkt, an dem sich Ihre Finger nun befinden, mit einem Bleistift, denn hier müssen Sie später das Loch für die Aufhängung bohren. In der Regel befindet sich der Klangpunkt immer im oberen Viertel des Stocks. ➨ Bohren Sie die Löcher mit dem Handbohrer. Sie sollten mindestens 16 mm Durchmesser haben, damit Sie später die Kordel besser durchfädeln können. ➨ Sind alle Klanghölzer mit Schnüren versehen, werden diese an dem quer hängenden Ast in aufsteigender Tonfolge aufgehängt. Einfach ausprobieren, wie es am schönsten klingt. ➨ Nun können Ihre Kinder auf dem Waldxylofon mit einem Holzstöckchen musizieren.

VENTÔSE

[vãtoz]

DER WINDMONAT

Wir spielen in Pfützen und im Dreck – das macht riesig Spaß und ist auch noch gesund. In der Matschküche backen wir Saatbomben, die unsere Umwelt bunter machen, und stärken uns mit leckeren Franzbrötchen.

19. FEBRUAR BIS 20. MÄRZ

Keine ANGST vor Dreck!

HEUTE MUSS ALLES SAUBER SEIN – DABEI SCHÜTZT DRECK VOR ALLERGIEN UND SPIELEN MIT MATSCH FÖRDERT DIE SENSORISCHEN FÄHIGKEITEN.

Pitsch, patsch. Pitsch, patsch. Das Wasser tropft aus der noch nicht fertig angeschlossenen Regenrinne direkt in eine kleine Pfütze, die sich darunter gebildet hat. Die Erde ist lehmig, sandig, ockerfarben und rund um die Pfütze herrlich aufgeweicht. Ich strecke meine Finger aus und drücke sie in den Matsch. Das Wasser wird rechts und links herausgequetscht. Der Boden ist kalt, es ist gerade so Frühling, letzte Woche hatte es sogar noch geschneit. Aber die Erde duftet schon, so warm ist es trotz des Regens. Ich bin drei Jahre alt, es ist Ende der 1970er Jahre, ich trage blaue Gummistiefel, eine alte Jeans mit groben Flicken auf den Knien und einen gelben Regenmantel. Meine Eltern laufen auf der Baustelle herum und schauen, was trotz des miesen Wetters dringend gemacht werden muss, damit der Zeitplan stimmt. Ich bin ganz alleine für mich mit der Pfütze. Pitsch, patsch. Als ich die Finger wieder aus dem Dreck ziehe, gibt es ein sattes, schmatzendes Geräusch. Das gefällt mir sehr. Ich probiere das gleich noch einmal aus. Es schmatzt wieder. Immer schneller drücke ich meine Finger in den Schlamm, bis es spritzt, schmatzt, schlabbert und die Pfütze wilden Seegang bekommt. Der Geruch von Lehm steigt mir in die Nase, von nassem Bauholz, nassem Bausand und Rohbau. Ich hole mir meine gelbe Schaufel aus meinem riesengroßen Sandkasten, der Baustelle heißt, und grabe eine Gang von der Pfütze weg zu einer anderen Pfütze. Das Wasser sickert immer wieder in den Sand ein, ich grabe und grabe und dann ist sie geschafft – die große Pfützenverbindung. Langsam bekomme ich kalte Finger. Ich rufe. Meine Mama kommt, bewundert mein Wasserbauwerk, wischt mir die Hände an einem alten Frotteehandtuch ab und nimmt mich mit in den Bauwagen, wo es Kaffee für die Bauarbeiter und Kakao für mich gibt. In der Wärme des Bauwagens mache ich ein Nickerchen, während mein Regenmantel in der Ecke hängt und auf den Bauwagenboden tropft. Plitsch, platsch. Es riecht nach nasser Wolle, Erde und Sand. Ich bin glücklich.

Hauptsache sauber

Heutzutage scheint die ganze Welt einem kollektiven Sauberkeitswahn verfallen zu sein. Wohnung, Auto und Kleidung müssen wie aus dem Katalog aussehen, das Bad und die Küche werden mit Sagrotan geputzt, Handtücher und Bettwäsche alle zwei Tage gewechselt, das Haus jeden Tag gesaugt, das Bad dauernd geputzt, die Schuhe vor der Tür ausgezogen und jedes Stäubchen entfernt, bevor es überhaupt Zeit hatte, mit anderen Staubkörnern eine ordentlich Wollmaus zu bilden. Damit dieser Zustand redlicher Reinlichkeit nicht gefährdet wird, gehen viele bei Matschwetter nicht raus, weil sie sich sonst »den ganzen Dreck in die Wohnung holen«. Hin und wieder beobachte ich sogar Eltern, die ihre Kinder auf dem Spiel-

Es gibt kein schlechtes Wetter, sondern nur schlechte Kleidung.

platz nur auf der Schaukel sitzen lassen, weil auf der Rutsche ein Rest Sand klebt oder weil es vor ein paar Stunden geregnet hat und das liebe Mädchen im Designerkleid sonst vielleicht mit den wilden Jungs in der Pfütze spielen könnte. Alles ist voller Sand, der kommt dann in die Wohnung, nein wie ärgerlich! »Sophie-Marie, weg von der Rutsche, aber dalli!« Warum nicht gleich in den Indoorspielplatz gehen, damit wirklich kein Grasflecken oder Sand am Kind kleben?

Natürlich ist es ärgerlich, wenn die neue Hose oder das hübsche Kleid schmutzig werden. Aber draußen spielen und sauber bleiben müssen ist auch richtig blöd und macht nur halb so viel Spaß. Da hilft es, eine Auswahl an wirklich heruntergerockten Hosen, Pullis, Schuhen sowie Regenjacken – gerne auch secondhand erstanden – als Grundlage für Spielplatz- und Gartenkleidung anzuschaffen.

GUTE IDEE!

Denn wer sein Kind im schicksten Outfit auf den Spielplatz schickt und es dann vom Spielen abhält, bringt es leider um seine wertvollsten Erfahrungen. Mit den wilden Jungs in der Pfütze zu spielen, ist nämlich für das Mädchen ein mindestens so wichtiges Erlebnis wie für die Raufbolde. Und wenn alles durchnässt ist, gehen Sie nach Hause, dann wird geduscht und sich umgezogen. Das dürfte doch eigentlich kein Problem sein, zumindest in meiner Kindheit wurde das immer so gehandhabt. Da war die schicke Kleidung Sonntagen, Familienfeiern oder der Schule vorbehalten, ansonsten wurden die geflickten Jeans und das olle Sweatshirt angezogen. Und obwohl ich in Besitz einer sehr zuverlässigen, ständig rotierenden Waschsklavin bin, wird die Spielplatz- und Gartenkleidung auch nicht nach jeder Benutzung gewaschen. Deshalb haben wir unser Kellerabteil zu einem so genannten »Mud-Room«, einem Matschzimmer, umfunktioniert, wo wir unsere feuchten, verdreckten Kleider aufhängen und trocknen lassen. So kommt auch weniger von Outdoor nach Indoor, sprich die Blätter, Tannennadeln und Dreckbutzen in unserem Wohnungsflur halten sich in Grenzen. Ist der Dreck einmal getrocknet, wird er mit einer groben Wurzelbürste ausgebürstet und die Kleider beim nächsten Ausflug nach draußen einfach noch mal angezogen.

SPART ARBEIT

Das Ausbürsten hat auch den Vorteil, dass die Waschmaschine nicht mit so viel Sand und Erdpartikeln belastet wird. Aus schmerzlicher Erfahrung weiß ich, dass die Reparatur unseres Flusensiebs (drei Handvoll Sand zu viel) so viel gekostet hat wie eine neue Discounterwaschmaschine. Und jetzt stellen Sie sich vielleicht die Frage: Wozu der Aufwand? Mud-Room, Sondergarderobe, dreckige Kinder – ist das nicht Vollstress? Ist die Spielecke im Drogeriemarkt oder Möbelhaus nicht viel netter zum Rumtollen? Und auch gar nicht gefährlich. Warum tue ich mir das an?

Dreck ist gesund

Spielen im Dreck fördert die sensorische Entwicklung unserer Kinder und frische Luft tut gut. Wussten Sie, dass nicht angeleitetes Spielen ohne ständige Zwischenrufe der Eltern viele wichtige Eigenschaften stärkt, zum Beispiel Eigenständigkeit, problemlösendes Denken, Kreativität, Konzentration?

Moment mal, Dreck ist gesund? Wird nicht ständig damit geworben, dass das Reinigungsmittel XY bis zu 99% aller Bakterien beseitigt? Gibt es nicht Dampfreiniger, Chlorreiniger, Hygienespüler und antibakterielle Seifen, um dieser schlimmen Mikroben, die unser höchstes Gut, die Kinder, bedrohen, Herr zu werden? Ja, die gibt es. Aber ihre Wirkung und Sinnhaftigkeit ist – zumindest bei Medizinern – mittlerweile höchst umstritten. Denn abgesehen von Atommüll, Chemikalien und Fäkalien ist Dreck – also Sand, Matsch, Laub, Staub und dergleichen, sogar Bakterien und Pilze – nicht gefährlich, sondern im Gegenteil sehr wichtig für unser Immunsystem.

Dreck schützt vor Allergien

Wenn unser Immunsystem nicht in frühesten Jahren, und hier scheint vor allem das erste Lebensjahr wichtig zu sein, mit einer ausreichenden Menge an Erregern in Kontakt kommt, wird ihm »langweilig«. Dann geht es auf die Suche nach einer Bedrohung, die es gar nicht gibt und arbeitet sich an Erregern ab, die eigentlich keine sind, nämlich »Erreger« wie Hausstaub, Birkenpollen und Weizenmehl. Eine saftige, das Kind ein Leben lang begleitende Allergie ist geboren. Auf diesen Zusammenhang zwischen Kontakt mit Dreck und Erregern im Kindesalter und den Auswirkungen auf das Immunsystem hat die Allergologin Erika von Mutius als Erste hingewiesen. In einer Studie fiel auf, dass Bauernkinder, die von klein auf Kontakt mit der Mikrobenvielfalt auf dem Bauernhof hatten, über den Kontakt mit Tieren, Feld, Wald, Wiesen und dem Misthaufen deutlich seltener an Allergien litten als Kinder, die in einer relativ sterilen Großstadtumgebung aufwuchsen. Dieser Zusammenhang gilt mittlerweile als erwiesen. Die Allergieforschung ist sogar schon so weit, dass man versucht, die im Landlebendreck enthaltenen Mikroben zu isolieren und kleinen Kindern als eine Art Allergieimpfstoff zu verabreichen. Wie absurd ist unsere Welt, dass man auf der einen Seite mit viel zu aggressiven Putzmitteln die wichtigen Mikroben abtötet und sich diese später beim Kinderarzt isoliert mit einer Spritze wieder verabreichen lässt. Das kann man auch einfacher haben …

Kinder, die auf dem Bauernhof aufwachsen, leiden seltener an Allergien als Großstadtkinder.

Gut zu wissen!

Mittlerweile hat fast jedes 3. Kind entweder eine Allergie, Asthma oder Neurodermitis – alles Krankheiten, die mit dem zunehmenden Sauberkeitsfimmel in Zusammenhang gebracht werden können. Abgesehen davon ist dieser Sauberkeitsfimmel selbst umweltschädlich, weil nämlich zu viele scharfe Reinigungsmittel verwendet werden, die im Klärwerk nie ausreichend herausgefiltert werden können. Schlimmer noch: wirklich gefährliche Bakterien, die sich übrigens am häufigsten in der heimischen Küche tummeln und nicht in der Schlammpfütze, werden zunehmend gegen bestimmte Reinigungsmittel resistent. Klar, ein gewisses Maß an Sauberkeit ist nötig und gut, aber – wie wir im nächsten Kapitel sehen werden – auch zu erreichen mit einer kleinen Handvoll selbst hergestellter Mittel, die sehr sanft zur Umwelt sind, aber trotzdem wirken. Babys brauchen nicht täglich gebadet zu werden, weil dies den natürlichen Säureschutzmantel der Babyhaut zerstört und Hautproblemen den Weg ebnet. Größere Kinder dürfen alle zwei Tage duschen, öfter ist meist nicht nötig.

Händewaschen nicht vergessen!

Wenn Sie jetzt vermuten, dass wir alle wasserscheue Schmuddelkinder sind, haben Sie sich getäuscht. Bei einer Sache sind wir nämlich sehr gründlich: beim Händewaschen, nachdem wir von Schule, Kindergarten oder einem Ausflug in die Stadt nach Hause kommen. Denn während es mir relativ egal ist, wenn meine Kinder bei uns im Garten mit erdverkrusteten Fingern ihr Brot oder einen Apfel essen, ist »Großstadtdreck« tatsächlich ungesund. »Großstadtdreck«, das sind all die Viren

Matsch, Lehm und Dreck machen glücklich.

und Bakterien, die andere Menschen in Bahnen, Läden und auf öffentlichen Toiletten hinterlassen, der Feinstaub aus Dieselfahrzeugen und der Abrieb von Autoreifen. Händewaschen mit einer ganz normalen Seife ist bei uns also Pflicht. Nachdem meine Kinder dem Windelalter entwachsen sind, verzichte ich auf Feuchttücher, denn sie sind nach Gebrauch vor allem eins: Abfall. Hier bediene ich mich eines Tricks: Ein feuchter Waschlappen, in einer alten Eisbox aufbewahrt, ist mittlerweile unser »Feuchttuch« bei Ausflügen. Und wie Sie bereits gelesen haben, tut's ein altes Frotteehandtuch auch.

Außer Allergien scheint Dreck übrigens auch Depressionen zu verhindern. Er wird von amerikanischen Forschern sogar als ein natürliches Antidepressivum bezeichnet, was glückliche Gärtner bestätigten können. Abgesehen von der Bewegung an der frischen Luft und körperlicher Anstrengung tut Gärtnern oder das Wühlen im Dreck nämlich auch noch aus einem anderen Grund gut: Die im Boden enthaltene Mikrobe Mycobacterium vaccae, die zum Beispiel über Staub eingeatmet wird, regt die Serotoninproduktion an. Diese Entdeckung wurde im Zusammenhang mit der Forschung zum Einfluss von Mikroben auf das Immunsystem gemacht und scheint auf eines hinzuweisen: Im Erdreich wühlen ist nicht gefährlich, sofern man gegen Tetanus geimpft ist. Keine Angst also vor Matsch, Sand oder Grüngutschnipseln, sie sind weder schädlich noch – begegnet man ihnen in der richtigen Garderobe – der Untergang des Kleidungsstücks.

Dabei ist es erstaunlich, wie verhältnismäßig sauber die Jeans meines Großen sind, wenn er einen Tag am Flüsschen gespielt hat, während die Kleine immer sofort nasse Hosen hat.

Das Draußenspielen fördert eben auch die Geschicklichkeit, sich nicht sofort einzusauen, nur weil man mal geschwind einen Staudamm baut. Je öfter und länger Kinder so spielen, desto weniger scheinen sie sich nass zu machen. Vermutlich weil sie wissen, dass spätestens eine durchweichte Hose das Signal zum Aufbruch ist und alle lieber noch länger draußen spielen wollen. Es gibt aber noch etwas anderes, weswegen ich Spielen im Matsch einfach toll finde: Es bietet Kindern aller Altersstufen vielfältige sensorische Eindrücke. Meine schönste Kindheitserinnerung sind Spielstunden draußen auf dem Feld, nachdem es einen Wolkenbruch gab und viele schöne Pfützen entstanden sind. Noch heute packt mich beim Anblick sandiger Pampe die unbändige Lust, meine Finger darin einzutauchen. Der Anblick eines frisch gepflügten Feldes, in dem nasse feuchte Erde duftend nach oben gedreht wurde, macht mich einfach glücklich. Die Arbeit auf unserem lehmigen Acker, der Dreck unter den Fingernägeln – wunderbar. Das ist eine ganz eigene Art von Ergotherapie, die auch uns Erwachsenen, die wir jeden Tag vor unseren elektronischen Klapperkisten sitzen und die muffige Büroluft einatmen, sehr sehr guttut.

Dreck und SOZIALES Lernen

SPIEL MAL MIT DEN SCHMUDDELKINDERN ...
DENN BEIM SPIELEN IM DRECK LERNEN KINDER SEHR VIEL UND KOMMEN ABENDS AUSGEPOWERT NACH HAUSE.

Wie wichtig das Spielen draußen ist, hat der Erziehungswissenschaftler Ulrich Gebhard festgestellt. Er zitiert Richard Louv und seine Forschung vom Entstehen eines »Nature-Deficit-Syndrom« und macht den Mangel an Kontakt mit der Natur für Angsterkrankungen, Kontrollzwang, AD(H)S sowie Konzentrationsschwäche verantwortlich. Die schnellen, unbeständigen Reize der modernen Welt sind für Kinder deutlich schlechter zu verarbeiten als die beständigen, wenn auch sich stetig ändernden Reize in der Natur. Als Beispiel nennt er einen Baum, der sich zwar mit den Jahreszeiten ständig verändert, aber als Baum jahrelang am selben Ort steht und so Verlässlichkeit und Kontinuität symbolisiert. Auch der bekannte Arzt und Psychoanalytiker Alexander Mitscherlich, der bereits Mitte des 20. Jahrhunderts die Lebensfeindlichkeit moderner Innenstädte kritisierte, meinte: »Der junge Mensch braucht (...) Elementares: Wasser, Dreck, Gebüsche, Spielraum. Man kann ihn auch ohne dies alles aufwachsen lassen, mit Stofftieren, Teppichen, auf asphaltierten Straßen und Höfen. Er überlebt es, doch man soll sich dann nicht wundern, wenn er später bestimmte soziale Grundleistungen nicht mehr erlernt.«
Das immer beliebter werdende Feld der Erlebnispädagogik, in dem Lernen und Heilen nicht mehr in geschlossenen Räumen, sondern beim gemeinsamen Erleben in freier Natur stattfinden, zeigt, dass auch die Erziehungswissenschaft erkannt hat, was der Mangel an Naturerfahrung mit unseren Kindern macht. Toll, wenn es Ganztagsschulen gibt, die viel Wert auf Freizeitaktivitäten draußen legen und einen richtigen Schulgarten mit Wildwuchs anlegen oder Unterrichtsstunden im Wald anbieten. Auch die immer größere Beliebtheit von Waldkindergärten, Jugendfarmen oder gar Waldschulen trägt dieser Entwicklung Rechnung.

> In der Natur gibt es ständig Veränderungen durch die Jahreszeiten und das Wetter, aber trotzdem auch sehr viel Kontinuität.

Das Nature-Deficit-Syndrom beschreibt übrigens nicht nur den Mangel an freiem Spielen in Wald, Wiese und am Fluss, sondern auch den Mangel an Kontakt mit anderen Lebewesen, mit denen wir unseren Planeten teilen. Und damit sind nicht nur Haustiere wie Katzen, Hunde oder Kanarienvögel gemeint. Gerade Kinder zeigen, dass uns Menschen der Kontakt mit anderen Lebewesen innewohnt. Mit großer Begeisterung nehmen sie Regenwürmer in die Hand, stupsen Käfer an und inspizieren Spinnen. Sie streicheln Hunde und Katzen, bewundern Pferde und beobachten Hasen, aber lernen auch Kühe, Wildschweine oder kampflustige Gänse zu respektieren. Erst später erwerben viele von uns Ekel vor Krabbeltieren, die kleine, noch unvoreingenommene Kinder vor allem interessant und beachtenswert finden. Dabei geht es Gebhard nicht um eine romantische Idealisierung der Natur. Vielmehr sind auch »negative« Naturerfahrungen wie der Anblick einer toten Maus oder der Kampf zwischen zwei Tieren Eindrücke, die für die Entwicklung unserer Kinder wichtig sind und ihnen helfen, den Kreislauf des Lebens zu verstehen. Die ständige Veränderung der Natur im Wandel von Wetter und Jahreszeiten bietet eine vielfältige Reizumgebung, die für die Hirnentwicklung wichtig ist, so Gebhard.

Was wird beim Draußenspielen gefördert?

Das Spielen im Garten, im Wald oder am Wasser fördert viele Fähigkeiten unserer Kinder.

FEINMOTORIK: Jedes Spiel im Sand oder Matsch fördert die Feinmotorik, weil die Finger durch die vielen Reize angeregt werden. Das Aufsammeln von kleinen Steinen, von Blättchen und das Formen von Lehmklumpen sind sehr gut für die Fingerfertigkeit.

GROBMOTORIK: Wer viel in Wald und Wiesen spielt, schult seine Grobmotorik. Da müssen Bäche und Pfütze überwunden, auf Dreckhügel und Bäume geklettert, Gräben und Löcher ausgehoben oder Baumstämme weggerollt werden.

HAND-AUGE-KOORDINATION: Gerade das Herstellen von Matsch, das richtige Dosieren von Wasser, das »Backen« von Matschkuchen oder das Sammeln von »Zutaten« ist eine gute Übung für die Hand-Auge-Koordination.

Dreck oder Erde sind also nichts, was mit Vehemenz aus der Wohnung geputzt und von den Kindern ferngehalten werden muss, sondern ein Teil unserer Umwelt und somit ein Teil unserer selbst. Also: Lassen Sie Ihre Kinder raus in den Matsch, den staubigen Sandkasten, das krümelige Laub, die duftende, frische Erde und spielen, spielen, spielen! Besonderes Glück haben natürlich jene, die ihren Nachwuchs nach den Hausaufgaben in den eigenen, am Haus liegenden Garten jagen können und selbst ein wenig gärtnern dürfen. Schön, wer die Zeit und den Platz dafür hat. Aber auch in weniger geschützter Umgebung dürfen Kinder eigene Erfahrungen machen, schließlich können sie ab einem gewissen Alter alleine auf den Spielplatz oder in den Wald gehen. Stellen Sie dazu Regeln auf und achten Sie darauf, dass Ihre Kinder diese Regeln einhalten. Am besten ist es, wenn sie zu zweit oder zu dritt sind, damit immer einer Hilfe holen kann, falls doch mal was passiert. Wir sind keine Rabeneltern, wenn wir es zulassen, dass sich unsere Kinder mal so richtig einsauen und das am besten beim Bau von abenteuerlichen Staudämmen oder Schlammburgen.

STIMMT

Und noch ein kleiner Gedanke zum Schluss: Richtig toll wirkt Sauberkeit eigentlich erst im Kontrast mit Schmutz. Derjenige, bei dem es immer sauber ist, bei dem die Kinder immer glänzen, kennt nicht das befriedigende Gefühl, das entsteht, wenn man eine völlig versandete Wohnung gesaugt hat, oder diese Frische, die man empfindet, wenn man nach einem Tag im Garten, auf dem Feld oder im Gebirge grundgereinigt aus der Dusche steigt.

NUR FÜR ELTERN

KEINE ANGST VOR ERDE, STAUB UND MATSCH!

Falls Sie selbst Angst vor Schmutz haben, sollten Sie Ihren Ängsten begegnen und sich einmal richtig die Finger dreckig machen, zum Beispiel im Schulgarten mithelfen, einer Freundin im Garten zur Hand gehen oder selbst ein paar Töpfe mit Kräutern oder Blumen bepflanzen. Und das können Sie dann nach und nach steigern. Schon mal von Tough Mudder gehört? Das ist dann die Königsdisziplin: Sport im Schlamm. Viel Vergnügen auf dem Weg dorthin.

MAL AUSPROBIEREN

Für den schnellen HUNGER

WENN DIE HORDE AUSGEHUNGERT VON DRAUSSEN REINKOMMT, IST ES ZEIT, DIE MINI-FRANZBRÖTCHEN AUS DEM OFEN ZU HOLEN. BESTIMMT WERDEN SIE MIT STRAHLENDEN KINDERGESICHTERN BELOHNT. DAMIT ES SCHNELLER GEHT, KÖNNEN SIE FERTIGEN BLÄTTERTEIG VERWENDEN.

Superschnelle Mini-Franzbrötchen

Franzbrötchen sollen von den Truppen Napoleons nach Deutschland gebracht worden sein. Sie erinnern im Aussehen etwas an Croissants und sind mit Zucker und Zimt gefüllt.

1 Packung Blätterteig
1 EL Zimtzucker
3 EL geschmolzene Butter
1 Handvoll gehackte Walnüsse
1 Ei
etwas Wasser

für 12 Mini-Franzbrötchen
20 Minuten

Ofen auf 180 °C Umluft vorheizen. Blätterteig in ca. 15 × 15 cm große Quadrate schneiden. Aus Zimtzucker, nicht mehr heißer Butter und Walnüssen eine Masse herstellen und auf die Teigquadrate streichen. Über Eck zusammenklappen, an den Enden verdrehen und in der Mitte mit einem Kochlöffelstiel plattdrücken – so entsteht die klassische Form. Das Ei mit etwas Wasser verquirlen und die Brötchen damit bestreichen. In 15 Minuten goldgelb backen.

DAS PASST DAZU: in Milch oder Kaffee tunken und genießen

VARIANTE: Statt Zimtzucker die Masse mit Parmesan und Rosmarinadeln anrühren und die herzhaften Brötchen zu einem Glas Weißwein genießen.

VENTÔSE
FRANZ
Brötchen
und FRANZi
Brötchen

Die MATSCHKÜCHE

MÖCHTEN SIE IHREN KINDERN DIE MÖGLICHKEIT GEBEN, MEHR IM MATSCH ZU SPIELEN? DANN IST DIE MATSCHKÜCHE GENAU DAS RICHTIGE FÜR SIE.

Die meisten Kinder haben noch bis weit in die Grundschulzeit hinein Freude am Matschen. Wenn Sie einen eigenen Garten oder auch einen etwas größeren Balkon haben, können Sie – gemeinsam mit Ihren Kindern – eine ganz einfache Matschküche bauen, die auch schnell wieder abgebaut ist, sollte der Platz anderweitig benötigt werden oder der Nachwuchs den Spaß daran verlieren und sich anderen Projekten zuwenden. Vielleicht haben auch größere Geschwister Lust, für die kleineren die Küche zu bauen, umzubauen, einzurichten – ein Wochenendspaß für alle. Die hier vorgeschlagene Matschküche besteht fast ausschließlich aus recyceltem Material, das Sie entweder selbst noch irgendwo haben oder das Sie über Verschenkmärkte oder auf dem Sperrmüll finden können. Natürlich können Sie auch Neues aus dem Baumarkt hinzukaufen, meistens ist das aber nicht nötig.

Für eine Matschküche benötigen Sie:

- *mehrere Ytong-Steine, alte Ziegelsteine oder Ähnliches*
- *mehrere alte Bretter, mindestens 50 cm tief*
- *ein paar Holzschrauben*
- *evtl. einen Akkuschrauber*
- *eine alte Waschschüssel aus Plastik oder Blech, eckig oder rund*
- *alte Kochtöpfe*
- *alte Siebe, Schneebesen, Löffel, Backformen usw.*
- *altes Geschirr für die »Teeparty«*

UND ALLE HELFEN MIT!

Suchen Sie eine Stelle im Garten aus, die möglichst sonnig liegt, damit Ihre Kinder im Herbst und Frühling (oder sogar im Winter) beim Spielen im nassen Matsch nicht so schnell frieren. Der ideale Platz für die Matschküche ist am Sandkasten oder, falls es den nicht gibt, in der Nähe einer »Dreckquelle«, z.B. Beet, Grünstreifen usw. Im Sommer sollte es die Möglichkeit geben, ein Sonnensegel zu installieren oder einen Sonnenschirm aufzustellen, damit keiner einen Sonnenstich bekommt.

Auch auf dem Balkon können Sie einen Platz für die Matschküche finden. Wenn Sie Angst vor Verschmutzung haben oder dem Nachbarn nicht die Dreckklumpen auf den Balkon fallen lassen wollen, legen Sie einfach eine Gartenfolie mit Rand unter.

Ebnen Sie zuerst den Grund ein, damit die Küche stabil steht. Am besten klappt das, wenn alle gemeinsam den Dreck schön feststampfen. Dann bauen Sie aus den Steinen eine erste Umrandung und Basis für die Küche. Besonders stabil wird sie, wenn Sie mit lehmiger Erde eine Art Mörtel anrühren, mit dem die Kinder die Steine aufeinanderpappen dürfen – erste Runde Matschen für Eltern und Kinder erledigt! Dann legen Sie die Bretter wie gewünscht auf die Steine und fixieren sie mit weiteren Steinen. Schrauben Sie eine Waschschüssel als Spüle auf eines der Bretter. Ihre Kinder können dann die Kochutensilien, z.B. Töpfe, Kanne, Schlüsselchen, Rührlöffel, Teller, Tassen, in die entstandenen Regalfächer räumen. Übrigens eine gute Gelegenheit, um die eigenen Schränke und den Keller auszumisten. Alte Töpfe, Pfannen, Tassen, Schöpfkellen usw. geben den Kindern das Gefühl, mit einer richtigen Küche zu spielen.

Eine Wasserquelle im Garten oder auf dem Balkon werden Sie sicherlich finden. Sie können Ihren Kindern erlauben, das kühle Nass selbst zu holen, dann müssen Sie wahrscheinlich hinterher die Böden

wischen. Sie können das Wasser aber auch selbst zuteilen – oder Sie haben Glück und einen Außenwasserhahn. Und dann heißt es: Wasser marsch!
Um richtig leckere Matschküchlein zu backen, können Ihre Kinder Materialien aus der Natur sammeln, zum Beispiel Blüten zum Dekorieren, Nussschalen, Blätter von Grünpflanzen, Tannenzapfen, wilde Beeren – der Fantasie sind keine Grenzen gesetzt. Allerdings sollten Sie sich mit den bekanntesten heimischen Giftpflanzen vertraut machen und Ihren Kindern früh beibringen, welche Pflanzen nicht in die Matschküche gehören, weil schon der Kontakt mit der Haut unangenehme Reaktionen auslösen kann. Als verantwortungsvoller Gärtner mit Kleinkindern haben Sie folgende Pflanzen vermutlich nicht im eigenen Garten: Tollkirsche, Aronstab, Efeu, Eibe, Stechpalme und Fingerhut. Dagegen sind Löwenzahn, Gänseblümchen, Hirtentäschel oder Indisches Springkraut willkommene, ungefährliche Zutaten für die kleinen Pampe-Köche.

GUTE IDEE!

Die Matschküche to go

Wenn Sie keinen Garten und auch keinen (geeigneten) Balkon haben, stellen Sie eine Matschküche zum Mitnehmen zusammen, die dann irgendwo auf einem Spielplatz, im Wald oder auf einer Wiese aufgebaut werden kann. Ich habe für meine Kinder eine alte Obstkiste mit Griff beschafft, die notfalls auch auf dem Gepäckträger Platz findet. Darin befinden sich Töpfe, Teller, Schüsselchen usw. Beim Aufbau der Küche können Sie immer Materialien aus der Umgebung integrieren – Baumstümpfe, große Steine, Bauholz – alles was rumliegt, darf eingebaut werden. Um richtig matschen zu können, benötigen Sie natürlich auch Wasser. Sie können eine große 1,5-Liter-Flasche Wasser mitnehmen – ich habe aber gemerkt, dass dies nicht wirklich lange reicht. Also bauen wir unsere mobile Matschküche mittlerweile in der Nähe von Wasserquellen auf, zum Beispiel am Flüsschen im Wald, neben dem Brunnen am Wanderweg oder auf dem Wasserspielplatz. Denn der Spaß ist schnell vorbei, wenn das Wasser ausgeht. Es kann natürlich sein, dass Sie sowieso schon Schwierigkeiten haben, Ihre Kinder aus dem Matsch nach Hause zu lotsen. Dann kann das Ende des Wasserstroms ein willkommener Grund sein, den Heimweg anzutreten.
Manchmal haben die Kinder so hübsche Kuchen »gebacken«, dass sie sie gern mit nach Hause nehmen wollen. Dafür habe ich immer eine alte Eisschachtel dabei. Aber vielleicht können Sie Ihre Kinder auch davon überzeugen, dass die gebackenen Kreationen ein Geschenk an die wilden Tiere sind, die bestimmt nachts kommen, um die süßen »Kuchen« zu genießen.

DAS LIEBEN KLEINE KÖCHE: BLÜTENTORTE AUS ERDE VERZIERT MIT GÄNSEBLÜMCHEN, KLEINEN STEINEN UND GRASHALMEN. LECKER!

SaatBombe
Samen
+
Erde

Was BLÜHT denn da so BUNT?

WIR SORGEN FÜR MEHR PFLANZENVIELFALT AUF ÖDEN BRACHEN, TRISTEN VERKEHRSINSELN ODER VERGESSENEN GRÜNSTREIFEN. GLEICHZEITIG FREUEN SICH DIE BIENEN, DENN PESTIZIDE UND MONOKULTUREN MACHEN ES IHNEN SCHWER, AUSREICHEND NAHRUNG ZU FINDEN.

Saatbomben aus der Matschküche

Damit Mama und Papa auch mal mitmachen und sich so richtig einsauen können, hier ein tolles Rezept: Saatbomben. Klingt martialisch, ist aber ganz friedlich und sorgt für frische Farbe im Viertel.

Für mehrere Saatbomben
2 TL Saatmischung, z.B. Bienenweide, Wiesenblumen, Sommerblumen
10 EL Erde
8 EL Lehm oder Tonerde aus dem Baumarkt
etwas Wasser

➤ Je nach gewünschter Saatbombenanzahl können Sie die Menge vervielfachen. ➤ Alle trockenen Zutaten in einer Schüssel gründlich vermischen, sodass sich die Samen gut verteilen. ➤ Nach und nach Wasser zugeben, bis die Masse eine leicht klebrige Konsistenz hat, ähnlich wie Hefeteig. ➤ Die Masse zu etwa tischtennisballgroßen Kugeln rollen und diese im Schatten langsam trocknen lassen. In direkter Sonne können die Saatbomben Risse bekommen und auseinanderfallen. ➤ Die fertigen Saatbomben werden wie folgt verwendet: ➤ Mit offenen Augen durchs Viertel gehen und öde Flächen identifizieren. ➤ Saatbomben entweder knapp eingraben oder – wenn es sich um eine nicht zugängliche Fläche handelt – die Bomben mit Kraft abwerfen. ➤ Spätestens im nächsten Sommer wird sich hier eine Blumenpracht entfaltet haben.

Hübsch in eine Pappschachtel verpackt sind diese Saatbomben ein nettes Geschenk für angehende Gärtner.

GERMINAL

[ʒɛʁminal]
DER KEIMMONAT

Wir bringen frischen Frühlingswind in unser Zuhause und räumen gemeinsam richtig gründlich auf. Wir basteln eine bunte Wimpelkette und kochen einen Auflauf aus Resten, die wir im Kühlschrank finden.

21. MÄRZ BIS 19.APRIL

FrühjahrsPUTZ

DIE TAGE WERDEN HELLER – SCHMUTZ UND CHAOS IN DER WOHNUNG SIND NICHT MEHR ZU ÜBERSEHEN: ZEIT ZUM ENTRÜMPELN VON HAUS UND SEELE.

Endlich scheint wieder die Sonne durch die Fenster. Ihre blinkenden, von einem frühlingshaft blauen Himmel geschickten Strahlen scheinen bis in die letzte Ecke meiner kleinen Küche. Ich koche mir eine Tasse Kaffee und genieße die Stille, die sich ausbreitet, wenn die anderen Familienmitglieder aus dem Haus sind. »Endlich Frühling!«, denke ich und linse nach draußen auf die Rasenfläche, auf der emsige Amseln Regenwürmer sammeln und Elstern Zweige für ihre Nester suchen. »Nestbautrieb«, denke ich und gehe gemächlichen Schrittes durch die Wohnung, die vom Gerenne und Gesuche nach Sportbeuteln, Brotdosen, Mützen und Arbeitsunterlagen noch zu vibrieren scheint. Ich reiße die Fenster auf und lasse die frische Morgenluft in die Zimmer strömen. »Ja«, denke ich, als ich das vollgestopfte Regal meines Sohnes betrachte und die Sonne schonungslos den Staub auf dem Schrank meiner Tochter zur Schau stellt – »es wird Frühling. Zeit für einen Frühjahrsputz!«

Nicht nur putzen, auch ausmisten!

Wenn die Sonne nach trüben dunklen Wintermonaten endlich wieder länger scheint, scheint sie leider auch oft in Ecken, die lange im Dunklen lagen und darum im Dornröschenschlaf zwar keine Brombeerranken, dafür aber Spinnenweben und Wollmäuse gezüchtet haben. Diese Ecken sind oft unzugänglich, weil sich nach Weihnachten viele neue Spielsachen, Bücher oder Sportgeräte angesammelt haben, die irgendwo verstaut werden müssen. Genauso wie der Körper im Frühling nach einer Generealüberholung schreit, wünscht sich meine Wohnung eine gründliche Sanierung.

UNBEDINGT HINGEHEN!

Früher wurde der Frühjahrsputz aus rein praktischen Überlegungen durchgeführt: Nach Ende der Heizperiode musste man die Wohnung von all dem feinen Kohlenstaub, der durch Kachelöfen oder offene Kamine entstanden war, befreien. Dann wurden Vorhänge gewaschen, Polstermöbel shampooniert, Fenster gewienert, Bodenleisten geschrubbt und hinter den Möbeln gewischt. Dank moderner Zentralheizungen haben wir zwar keinen feinen Ruß mehr in der Bude, aber vielerlei anderen Ballast, den ich im Frühling gerne bereit bin abzuwerfen. So zum Beispiel in den Kleiderschränken: Auch wenn man seine Winterkleidung noch nicht gleich einmotten sollte, weil es sogar Ende April noch mal richtig kalt werden kann, ist meine erste Entrümpelungsaktion immer das Sortieren der Kinderkleider. Viele Frühlings- sowie Sommerkleidungsstücke sind zu klein geworden und darum sortiere ich sie aus. Aber natürlich werfe ich sie nicht weg, meistens sind die Sachen noch tragbar und ich verkaufe sie oder reiche sie an Verwandte und Bekannte weiter. Seit wir auf hochwertige und darum leider teure Kinderschuhe umgestiegen sind, verkaufe ich diese ebenfalls weiter, zumal sie nach einer Saison intensiver Nutzung oft trotzdem noch richtig gut in Schuss sind. Logisch, dass um diese Zeit die meisten Kleiderbasare in Kindergärten oder Schulen stattfinden. Nicht nur ich scheine in einen Aussortierwahn zu verfallen.

Die Sonne bringt es an den Tag: Nicht nur Staub und Schmutz, sondern auch viel zu viele Dinge, die wir eigentlich gar nicht brauchen.

Meinen eigenen Kleiderschrank zu entmisten, kann ich mir meist sparen, seit ich auf eine Grundgarderobe umgestiegen bin, die komplett losgelöst von Mode aus einer Handvoll Shirts, Strickjacken, Jeans und Pullovern besteht. Aussortiert wird hier nur das, was nicht mehr tragbar ist und auch nicht mehr repariert werden kann. Daraus werden dann Putzlumpen für die Werkstatt oder den Garten. Als Nächstes nehme ich mir das Bücherregal im Wohnzimmer vor, in dem seit der Anschaffung eines elektronischen Lesegerätes nicht mehr so viele neue Bücher stehen. Dafür aber jede Menge alter! Es ist immer wieder gut, alte Bestände einer Prüfung zu unterziehen und die Bücher auch mal abzustauben. Dabei stolpere ich oft über Bücher, die ich schon lange nicht mehr gelesen habe, die mich aber plötzlich doch wieder interessieren. Die kommen auf einen »Dringend zu lesen«-Stapel. Andere Bücher, die auch nach mehreren Jahren nicht mehr mein Interesse wecken, kommen in die Kiste für den Bücherflohmarkt. Übrigens: Was nach ein paar Wochen immer noch ungelesen auf dem »Dringend zu lesen«-Stapel liegt, kommt ebenfalls in diese Kiste, obwohl eine goldene Regel aller Minimalismus- und Aufräumgurus besagt, aussortierte Sachen sofort zu entsorgen, weil sonst wieder neue Rumpelecken entstehen. Bei der Bücherkiste mache ich aber eine Ausnahme, weil hier immer wieder Bücher auflaufen, die nach einmaligem Lesen sofort aussortiert gehören. Diese Kiste steht auf dem Dachboden und ich bringe sie, wenn sie voll ist, zu einem Secondhand-Buchladen. Natürlich nehme ich dann von dort auch gerne neues Lesefutter mit. Als Nächstes sind die Bücherregale der Kinder dran, was ein sehr schwieriges Feld ist – meine

GUTE IDEE!

Kinder trennen sich nämlich nur ungern von ihren Sachen. Oft hilft es, nur Dinge, die wirklich gar nicht mehr benutzt werden, zum Beispiel weil das Kind zu alt dafür ist und keine Lust mehr auf sein »Meine ersten Wörter«-Pappbilderbuch hat, an bekannte Babys oder Kleinkinder zu verschenken. Der Gedanke, dass ein Buch, an dem Erinnerungen hängen, einfach in einer anonymen Kiste verschwindet und seine Zukunft ungewiss ist, macht meine Kinder unendlich traurig. Der Gedanke, dass der kleine Paul oder die netten Annamaria aus der Nachbarstraße darin blättern, ist hingegen ziemlich beruhigend.

Warum treibe ich diesen ganzen Aufwand? Weil ich keine Lust zum Aufräumen habe. Hä? Keine Lust zum Aufräumen – und dann räume ich rum wie irre, da passt doch irgendwas nicht … Naja, ich räume im Frühjahr einmal richtig radikal auf, um im Rest des Jahres weniger Räumaufwand zu haben. So ist es zumindest geplant. Denn wer weniger Dinge hat, muss auch weniger Sachen von A nach B schaffen.

Kaufrausch oder Konsumverzicht?

Es ist Fakt, dass wir heutzutage einfach zu viel Kram haben, der irgendwohin weggeräumt werden will. Ordnungsblogs, Kisten, Regale und Ordnungssysteme bis hin zu Lagerhäusern, in denen man Boxen für seinen ganzen Kram

JA, WARUM EIGENTLICH?

mieten kann, sind der Hit. Was für ein Stress! Warum das Ganze? Wir können leider nur beschränkt in großem Chaos glücklich leben. Aber wieso haben wir so viel Zeug?

Weil sich das Konsumkarussell drehen muss und wir Tag für Tag, bei jedem Einkauf und bei jedem Blick ins Internet oder in eine Zeitschrift zum Shoppen animiert werden. Beim Discounter buhlen hunderte Dekokitsch-Objekte um Kunden, aber auch Designer-Läden mit schicken Eames-Mini-Stühlchen für Kinder sind letztendlich nur auf eins aus: »Nehmt das mit nach Hause und stellt euch eure Wohnung oder euer Haus damit voll.« Schließlich ist Einkaufen eine Art Ersatzbefriedigung, wenn wir neben dem wirklich benötigten Klopapier noch eine Deko-Giraffe im Afrika-Stil kaufen, um die Sehnsucht nach Fernreisen zu befriedigen und eine innere Leere mit Dingen zu füllen. Die Zeiten, als schöne Dinge Mangelware waren, sind noch nicht allzu lange her. Da gab es wenig, dafür gut produzierte Waren, die sich die Leute noch in den 1960er Jahren vom Mund abgespart haben und die geehrt und gepflegt wurden. Jedes Ding in der Wohnung hatte dadurch sofort eine größere Wertigkeit. Mittlerweile gibt es alles jederzeit derart billig, dass sich eine ganze Industrie nur darum dreht, wie man das Zeug wieder loswird.

Dass ich hier ein Kapitel darüber schreibe, wie man am besten entrümpelt und den Inhalt der Kinderzimmer verschlankt, ist ja schon bezeichnend. Bezeichnend auch – Engagement in allen Ehren –, dass viele Leute sich mit großzügigen Spenden für verschiedene karitative Einrichtungen hervortun wollen, im Endeffekt aber froh sind, die Mülltüten voller Kuscheltiere und Altkleider endlich los zu sein. Eine Bekannte erzählte mal von einem Kinderheim, das Spenden rundheraus ablehnte, weil sie in abgelegten Kuscheltieren zu ertrinken drohten. Nichts ist mehr etwas wert und das ist wirklich traurig, denn auch der billigst hergestellte Spielzeugtraktor hat Ressourcen gekostet und wurde vielleicht im Ausland von einem völlig unterbezahlten Lohnsklaven zusammengesetzt oder verpackt.

Entrümpeln – schön und gut, aber hier geht es noch um etwas anderes, nämlich um Konsumverzicht. Das klingt recht radikal, heißt aber eigentlich nur, nicht mehr zu kaufen, als man wirklich braucht. Das ist heutzutage nicht einfach, wenn man beim Einkauf im Discounter suggeriert bekommt, dass man die neuen Hosen, sportlichen Schuhe, innovativen Küchengeräte, Sportsachen für einen fitten Körper, Malsachen für die kreativen Mußestunden oder schönen Gartenkram unbedingt braucht. Oft nimmt man dann etwas mit, was man gar nicht benötigt, einfach weil es ein so gutes »Schnäppchen« ist – das dann unbenutzt im Regal verstaubt, weil man es im Moment doch nicht gebrauchen kann.

Aber was braucht man wirklich? Das Gefühl, das einen daran hindert, wirklich effektiv auszumisten oder beim Shoppen mal nicht zuzugreifen, ist der Gedanke, dass man die Dinge vielleicht »mal brauchen könnte«. Hier ist also Seelenforschung angesagt: Welche Dinge muss ich wirklich haben, was wird häufig benutzt? Was ist überflüssiger Ballast? Warum hänge ich an so viel unnützem Kram? Wie viel

WENIG SPIELZEUG LÄSST NICHT NUR PHYSISCH MEHR RAUM ZUM SPIELEN, SONDERN REGT AUCH EMOTIONAL UND KREATIV AN.

Spielzeug brauchen die Kinder? Was ist zu viel und hindert sie an kreativem Spiel?

Weniger ist oft mehr

Eine kleine Anekdote dazu ist sehr bezeichnend: Als mein Sohn ungefähr zwei Jahre alt war und sein Zimmer schon gut mit Spielzeug gefüllt war, haben wir mal Weck-Gläser bestellt, die dann sehr sorgfältig verpackt in einen relativ großen Karton kamen. Dieser Karton war viel zu schade zum Wegwerfen und wurde auch sofort von meinem Sohn zum Spielen angefordert. Die nächsten Wochen und sogar Monate spielte er nach dem Kindergarten fast ausschließlich mit diesem Karton. Mal war er ein Häuschen, mal ein Flugzeug oder ein Raumschiff. Ich hätte das ganze Zimmer ausräumen können, bis auf den Karton, dem Kind hätte nichts gefehlt. Dieses Konzept gibt es mittlerweile übrigens tatsächlich in spielzeugfreien Kindergärten. Eine Reduzierung von Spielsachen führt außerdem (hoffentlich) dazu, dass Kindern der Wert einer Sache eher bewusst wird. Und sogar die vielgerühmte gesunde Langeweile kann sich mit wenig Spielzeug gut einstellen. Ein Überangebot an Spielsachen dagegen führt zu einer weiteren Reizüberflutung, der die Kinder heutzutage sowieso ständig ausgesetzt sind. In Filmen oder Büchern gibt es immer wieder das Motiv, dass jemand in einem alten Haus versteckt unter einer Fußbodenbohle oder hinter einem losen Ziegelstein eine kleine Schatzkiste mit den wichtigsten Sachen eines schon längst erwachsenen Kindes findet: ein paar Murmeln, ein Hüpfseil, eine Action-Figur, derart geliebt, dass das Kind das Bedürfnis hatte, die Dinge zu verstecken. Heutzutage wird kaum mehr geweint, wenn eine Playmobilfigur kaputt geht, weil genug andere in der Kiste darauf warten, endlich mitspielen zu dürfen, aber auch, weil Oma bestimmt gerne beim nächsten Besuch Ersatz mitbringt. Weniger ist also mehr, auch um die Wertschätzung für die Dinge zu vergrößern.

Natürlich wollen wir nicht so radikal sein und unseren Kindern nur noch einen leeren Pappkarton zum Spielen geben. Aber wenn wir uns schon die Mühe machen und einen großen Frühjahrsputz erledigen, so wollen wir doch vermeiden, dass in Kürze wieder alles zugemüllt ist. Das gilt natürlich nicht nur für die Kinderzimmer, sondern auch für die Bücherregale der Erwachsenen, die Küchenschränke, den Kleiderschrank sowie den Dachboden. Es gibt eine einfache Regel, die einzuhalten auch mir immer wieder schwerfällt: Kommt etwas Neues ins Haus oder ins Kinderzimmer hinein, so muss etwas anderes wieder heraus. Das ist umso schwerer, wenn man den Strom an Dingen nicht im Griff hat, weil Verwandte und Bekannte gerne »Nützliches« mitbringen. Außerdem ist der Sammeltrieb bei vielen Kindern sehr ausgeprägt, sodass sogar Überraschungseifiguren und Mitgebsel von Kindergeburtstagen vermisst werden, sollte Mama sie mal »aus Versehen« entsorgt haben. Hier hilft die Kruschtelschublade im Schrank: Wenn sie voll ist, muss durchsortiert und entsorgt werden, da sie der einzige Platz ist, an dem Figürchen, Papiere von leckeren Bonbons, Murmeln, gefundene Steine und Stöcke, Tattoos und kaputte Actionfiguren aufgehoben werden dürfen.

UNBEDINGT EINRICHTEN!

EIN TIPP FÜR ELTERN: Dinge, die Sie nur sehr selten benötigen, wie eine Bohrmaschine, können Sie häufig ausleihen, entweder bei Freunden oder Nachbarn oder aber auch in den nach und nach entstehenden Bibliotheken der Dinge.

Aufräumen? HEIKLES Thema!

WIE BRINGE ICH DIE KINDER DAZU, AUFZURÄUMEN UND AUCH MAL ETWAS WEGZUGEBEN? GAR NICHT SO EINFACH, ABER ES GIBT EIN PAAR GUTE TRICKS.

Dass Aufräumen mit Kindern kein einfaches Thema ist, wissen Sie vielleicht noch aus Ihrer eigenen Kindheit und vor allem Jugend, als uns Sprüche wie »Räum deinen Saustall endlich auf!« oder »Hier sieht es aus, als hätte eine Bombe eingeschlagen!« und ganz besonders beliebt: »Ordnung ist das halbe Leben« grandios auf die Nerven gegangen sind. Selten gibt es Kinder, denen Aufräumen, Ausmisten und Ordnung halten in die Wiege gelegt wurden, vielmehr ist das etwas, was wir unseren Kindern mühsam anerziehen müssen. Später im Leben, wenn Bausparverträge oder Abrechnungen ordentlich abgelegt sind und eine saubere Küche den Heimkehrer begrüßt, werden sie es uns vielleicht zu danken wissen. Bis dahin ist aber oft ein langer, leidvoller Weg für alle Beteiligten.

INTERESSANT

Forscher haben übrigens herausgefunden, dass die vordere Hirnregion, die für Sortieren, Ordnung und strukturiertes Arbeiten zuständig ist, bei Kindern und Jugendlichen noch nicht voll ausgeprägt ist. Das heißt, Kinder sehen die Unordnung tatsächlich nicht und nehmen sie nicht bewusst als solche wahr, sondern leiden eher sekundär darunter, nämlich wenn ihnen Spielimpulse fehlen oder Hausaufgaben verbummelt werden.

Wir Eltern rennen immer schreiend davon, wenn wir die unordentlichen Buden unserer Kinder sehen und diese gegen obige Sprüche – die wir plötzlich selbst äußern – immun sind. Eine Taktik funktioniert übrigens nur selten und wenn, dann eher bei älteren Jugendlichen: Einfach mal die Unordnung zulassen, bis die Kinder bzw. Jugendlichen von selbst darauf kommen, aufzuräumen. Weil wie oben erwähnt der Ordnungssinn fehlt, wird diese Taktik erst fruchten, wenn man unfreiwillige Mitbewohner in Gestalt von Motten, Käfern,

> Haushalt, Ordnung und Aufräumen sind Familiensache. Alle machen mit und Mama kommt sich nicht vor wie das Dienstmädchen.

Kakerlaken oder Mäusen bekommt. Leider hilft da nur eines: Durchhaltevermögen und das Einbeziehen der Kinder von Anfang an.

Hier die ultimativen Tipps für das Aufräumen mit Kindern:

SCHON DIE KLEINSTEN MACHEN MIT: Ein Kleinkind kann mit Staubtuch und Wedel bewaffnet bereits Staub wischen. Natürlich ist das Ergebnis nicht perfekt. Aber hier geht es eher um den langfristigen Erfolg, nämlich das Kind von klein auf an Haushaltstätigkeiten zu gewöhnen. Bereits ab dem Kindergartenalter können Sie von Ihren Kindern verlangen, Jacken ordentlich an die Garderobe zu hängen und Schuhe nebeneinander hinzustellen.

Auch Schul- oder Sporttaschen können schon selbstständig an einen festen Platz geräumt werden. Ab diesem Alter können Sie außerdem verlangen, schmutzige Wäsche eigenständig in den Wäschekorb zu bringen. Getragene, aber noch saubere Kleidung sollte ebenfalls einen festen Platz bekommen.

DER RICHTIGE MOMENT ZUM AUFRÄUMEN: Bevor ein neues Spiel aus dem Regal gezogen wird, muss das andere aufgeräumt werden – genau wie im Kindergarten. Mein Sohn macht das bereits automatisch, meine Tochter nur nach Ansage. Auch hier gilt: Gut Ding will Weile haben. Wenn Ihre Kinder gerade mitten ins Spiel vertieft sind, ist der denkbar ungünstigste Moment, sie zum Aufräumen aufzufordern. Natürlich können Sie mit dem Aufräumen nicht immer auf den richtigen Zeitpunkt warten, wenn andere Aktivitäten und Termine anstehen. Aber eine halbe Stunde hin oder her, oder lassen wir es einen halben Tag sein, wiegen den Nachteil auf, der entsteht, wenn Sie Ihr Kind aus dem intensiven Spiel reißen. Dann ist die Opposition deutlich größer, als wenn Sie es zum Aufräumen auffordern, wenn es sich sowieso langweilt. Bei uns hat sich ein fester Aufräumtag bewährt. Den täglichen Streit um das Chaos im Zimmer erspare ich mir jetzt, mache einfach die Tür zu und verlange nur sonntagabends, dass einmal gründlich aufgeräumt wird. Diesen Tag können Sie ruhig wie einen festen Hobbytermin im Familienkalender eintragen, sodass alle daran erinnert werden und niemand das Thema ewig vor sich herschiebt. Ein Trick, den mir eine andere Mama verraten hat: Während die Kinder aufräumen, liest Mama ein spannendes Buch vor. Hört das Kind auf zu ordnen, hört Mama auf zu lesen. Klappt gut in allen Altersklassen.

Natürlich sollte alles seinen festen Platz haben, sodass es auch schnell wieder aufgeräumt werden kann.

MAL AUSPROBIEREN

AUSMISTEN MIT KINDERN IST SCHWER: Dennoch sollten Sie regelmäßig die Sachen durchsehen. Was hilft: Ältere Kinder dürfen ihre ausgediente Spielsachen – die immerhin ihnen persönlich gehören – selbst auf einem Kinderflohmarkt verkaufen und das Geld als Taschengeld behalten. Das steigert die Motivation enorm.

KINDER-AUFGABEN IM HAUSHALT Darüber hinaus dürfen Kinder ruhig auch im restlichen Haushalt Aufgaben übernehmen: Tisch decken und abräumen, Müll rausbringen, Geschirr abspülen, saugen, Staubwischen usw. geben Kindern mehr Verantwortung und fördern dadurch die Selbstständigkeit. Nebeneffekt: Als Teenager sind dann Putzen und Aufräumen fest im Familienalltag verankert und laufen – in einer idealen Welt – fast nebenher. Und falls das bei Ihnen nicht klappt, hier zur Beruhigung: Meine Schwester, die als Teenager der größte Chaot war und Butterbrote schon mal wochenlang im Schulranzen mittrug, ist als erwachsene Frau eine der ordentlichsten Menschen, die ich kenne. Ihre Wohnung sieht aus wie aus der Zeitschrift »Schöner Wohnen« und ist immer picobello ordentlich und aufgeräumt.

NUR FÜR ELTERN

WIE SIEHT ES IN DEN DIGITALEN ARCHIVEN AUS?

Nicht nur die Wohnung braucht einen Frühjahrsputz, sondern auch unsere Daten. Die Menge an digitalen Bildern nimmt zwar nicht so viel Platz ein wie Fotos im Album, aber brauchen wir wirklich unbedingt 32 verschiedene Fotos von dem Moment, in dem unser Kind die ersten Schritte getan hat? Also: die schönsten Bilder aussuchen, den Rest, so schwer es fällt, in den digitalen Orbit schicken. Auch Social Media braucht jede Menge Platz (und Zeit!). Kämpfen Sie sich auch täglich durch einen Wust an Newsfeeds, um an die wirklich interessanten Mitteilungen zu geraten? Dann ist es vielleicht Zeit, auch hier mal aufzuräumen und Kontakte zu Leuten zu beenden, mit denen wir im echten Leben nicht mal mehr Smalltalk auf der Straße halten würden.

ERINNERUNGEN SORTIEREN

FRÜHJAHRSPUTZ im VORRATSSCHRANK

IN DIESEM REZEPT TUMMELN SICH JENE ZUTATEN, DIE SICH IM GEMÜSEFACH DES KÜHLSCHRANKS, IM GEFRIERFACH ODER IM VORRATSSCHRANK FINDEN. DER AUFLAUF KANN SOFORT VON DER HUNGRIGEN AUFRÄUMTRUPPE AUFGEGESSEN ODER ABER PORTIONSWEISE EINGEFROREN WERDEN.

Nudelauflauf Resta Mista

Dieser Nudelauflauf schmeckt jedes Mal anders, je nachdem, was Sie beim Aufräumen noch entdecken. Natürlich können Sie auch Schinken- oder Wurstreste dazugeben.

für einen Putztrupp
40 Minuten

4–5 Handvoll Nudelreste
1 Zwiebel
1–2 Knoblauchzehen
2–3 EL Olivenöl
6 Handvoll Gemüsereste
1 Zweig Rosmarin
2 Zweige Thymian
1 Dose Tomaten
Salz

1 EL Butter
1 EL Mehl
120 ml warme Milch
etwas Muskat
1 Kugel Mozzarella oder Käsereste

Nudeln gar kochen. Bei bunten Resten aus verschiedenen Packungen die am längsten kochenden zuerst, die am kürzesten kochenden zuletzt ins Wasser geben, sodass alle gleichmäßig gar werden. Zwiebel und Knoblauch fein würfeln. In Olivenöl glasig dünsten. Gemüsereste putzen und würfeln, dazugeben und 10 Minuten mitdünsten. Die Kräuter abzupfen und dazugeben, die Tomaten angießen, eventuell etwas Wasser zugeben, salzen und ca. 20 Minuten köcheln lassen. Für die Béchamelsauce die Butter in einem Topf bei mittlerer Hitze schmelzen lassen, das Mehl darin anschwitzen, mit der warmen Milch ablöschen und kräftig verrühren, sodass eine cremige Sauce entsteht. Von der Herdplatte nehmen, mit Salz und etwas Muskat würzen. Die abgegossenen Nudeln in eine Auflaufform schichten. Gemüsesugo dazugeben und mit der Béchamelsauce übergießen, sodass alle Nudeln mit Flüssigkeit bedeckt sind. Den Mozzarella in dünne Scheiben schneiden (Tipp: Eierschneider verwenden!) und auf dem Auflauf verteilen. Falls kein Mozzarella im Haus ist, können Sie sämtliche Käsereste darüberreiben. Den Auflauf bei 180 °C Umluft im Ofen 20–30 Minuten überbacken, bis der Käse goldbraun ist.

GERMINAL

Wir PUTZEN gemeinsam

LASSEN SIE IHRE KINDER VON KLEIN AUF BEIM AUFRÄUMEN UND PUTZEN HELFEN – GEMEINSAM MACHT ES MEHR SPASS UND MAN IST SCHNELLER FERTIG.

Der Frühjahrsputz ist eine anstrengende Angelegenheit und um so vieles angenehmer, wenn Sie sich den ganzen Aufwand teilen. Damit das reibungslos klappt und vielleicht sogar Spaß macht, benötigen Sie vor allem einen guten Plan und ordentliche Vorarbeit – es ist meistens nicht an einem Tag erledigt. Also: Zeit für eine Familienkonferenz für die Planung, und dann geht es los! An Folgendes sollten Sie denken:

FESTEN TERMIN ÜBERLEGEN: Schreiben Sie den am besten gleich in den Familienkalender, dann besteht nicht die Gefahr, dass man das »irgendwann am Samstag macht«, es aber dann doch immer wieder verschiebt. Planen Sie am besten ein ganzes Wochenende ein, damit vom Entrümpeln bis zum Wienern alles erledigt ist.

AUFGABEN VERTEILEN: Achten Sie darauf, altersgerechte Aufgaben auszusuchen, sodass Ihre Kinder nicht frustriert sind, weil sie die Aufgaben als zu schwierig empfinden, und damit die Erwachsenen nicht frustriert sind, weil das Ergebnis nicht ihren Erwartungen entspricht.

REINIGUNGSMITTEL BEREITHALTEN: Eine gute Auswahl an fusselfreien Lappen ist schon die halbe Miete. Zum Polieren eignen sich auch alte T-Shirts. Wer jetzt aber losläuft und den halben Drogeriemarkt leer kauft, ist auf dem Holzweg: Besser als ein giftiges Mittel mehr im Putzschrank ist es, etwas länger und sorgfältig zu schrubben. Viele Reinigungsmittel können Sie sogar selbst herstellen. Hier eine Liste der wichtigsten Mittel:

UNBEDINGT AUSPROBIEREN!

- *neutrale Seife: Damit können Sie einen Großteil der Wohnung verlässlich reinigen.*
- *Glasreiniger: 500 ml Wasser mit 1 TL neutraler Seife und 2 EL Essigessenz verrühren.*
- *Toilettenreiniger: 70 g Haushaltnatron und 20 ml Essigessenz in der Kloschüssel zusammenschütten. Die Reaktion der beiden ist heftig, dafür gründlich. Die Menge reicht für eine Kloschüssel.*
- *Lederpflege: Teure Lederpflegemittel sind nicht nötig, Nivea-Creme oder Bodylotion tut es auch. Diesen Tipp bekam meine Mutter von einem*

Der Erfolg einer Putzaktion hängt nicht an den Reinigungsmitteln, sondern hauptsächlich an der Kraft der eigenen Hände. Die Amerikaner nennen es »Elbow Grease«.

italienischen Kürschner, als sie sich dort eine Lederhandtasche kaufte.

- *Edelstahlreiniger: Eine Zitrone aufschneiden und mit der Schnittfläche über die zu reinigende Fläche reiben. Kalt abspülen, polieren, fertig. Wirkt auch gut gegen Kalkflecken auf Armaturen.*

ERWARTUNGEN NICHT ZU HOCH HÄNGEN: Das gilt vor allem für Eltern, denn Kindern ist es sowieso egal, wie es in der Wohnung aussieht. Also nicht an die schicke Designerwohnung von Pinterest denken, sondern sich selbst überlegen, welche Ecken Ihnen in Ihrer Wohnung wichtig sind und wo Sie sich mehr Sauberkeit und Ordnung wünschen. Mit Kindern wird es zwar nie so perfekt wie ohne, aber hier geht es vor allem darum, etwas gemeinsam zu schaffen.

ABLAUFPLAN: Es gibt einen logischen Ablauf beim Putzen, der vieles vereinfacht.

- *Fangen Sie mit dem Entrümpeln an, entsorgen Sie die Dinge an den entsprechenden Stellen (Recycling, Verschenkmarkt, Ebay, Kleiderspende, Müll). Wischen Sie dann Schränke, Regale usw. aus, bevor Sie die restlichen Dinge wieder einräumen.*
- *Klopfen Sie Decken, Kissen und Teppiche aus. Vorhänge und den Duschvorhang waschen Sie oder lassen Sie sie reinigen.*
- *Saugen Sie auch hinter den Möbeln. Fußleisten und Heizungen können die Kinder mit einem Staubwedel und hinterher mit einem feuchten Lappen gründlich reinigen.*
- *Wischen Sie in Schlafzimmer, Kinderzimmer und Wohnzimmer Staub.*
- *Reinigen Sie die Wände und Oberflächen in Bad und Küche gründlich.*
- *Vergessen Sie den Kühlschrank und die Vorratsschränke nicht. Beides waschen Sie am besten mit ein wenig Essigwasser aus und trocknen alles gut ab. Prüfen Sie Ihre Vorräte auf Haltbarkeit und planen Sie bald Ablaufendes in der nächste Woche ein. Gemüse oder Obst können Sie portionsweise einfrieren, z.B. für Smoothies.*
- *Putzen Sie die Fenster. Von innen dürfen das die Kinder versuchen, von außen nur, wenn es sich um das Erdgeschoss handelt. Ansonsten übernehmen das aus Sicherheitsgründen die Eltern.*
- *Zum Schluss wischen Sie glatte Böden noch einmal nebelfeucht durch und saugen die Teppichböden.*

NICHT ABLENKEN LASSEN und beim Ausmisten an alten Fotos hängenbleiben. Das kostet Zeit und macht schlechte Laune, wenn der Zeitplan durcheinandergerät. Erinnern Sie sich gegenseitig an das gemeinsame Ziel.

ETAPPENZIELE FEIERN: Das erste Kinderzimmer ist fertig – hurra! Dafür gibt es jetzt eine kleine Pause mit Kakao und Milchbrötchen – solche Aktionen sorgen für einen Motivationsschub zwischendurch. Machen Sie bei frühlingshaftem Wetter das Picknick auf der Terrasse oder dem Balkon, damit die Zwischensnacks nicht den Putzerfolg wieder zu Nichte machen.

PUTZPLAYLIST ERSTELLEN, am besten gemeinsam. Denn mit fröhlicher Musik geht alles gleich viel lockerer von der Hand.

FRISCHER DUFT FÜR DIE WOHNUNG: Möchten Sie den Staubmuff aus den Räumen bekommen, können Sie mit ein paar Zutaten aus der Küche ganz schnell frischen Duft in die Wohnung oder das Haus bringen. Ein paar Zweige Rosmarin, ein paar Tropfen Lavendelessenz sowie ein paar Zitronenscheiben in einem Topf mit reichlich Wasser auf kleiner Flamme köcheln lassen. Fertig ist das Instant-Duftpotpourri, das bei offener Küchentür bald durch das ganze Haus zieht. Bei wärmerem Wetter können Sie natürlich auch einfach alle Fenster öffnen und die frische Frühlingsluft reinlassen.

BELOHNUNG ZUM SCHLUSS: Wenn alles fertig ist und blitzt und blinkt, belohnt sich die Familie mit einem ausgiebigen Bad, einem gemütlichen Abendessen und einem schönen Familienfilm.

HAPPY
BIRTHDAY

KUNTERBUNTE Deko

BEIM AUSSORTIEREN GIBT ES IMMER WIEDER PAPIERRESTE, DIE AUF GAR KEINEN FALL WEGGEWORFEN WERDEN DÜRFEN. MEIN SOHN HÄNGT AN COMIC-SEITEN, MEINE TOCHTER WILL GESCHENKPAPIERE NICHT HERGEBEN UND ICH SELBST KANN MICH NUR SCHWER VON SCHÖNEN KARTEN TRENNEN.

Wimpelketten überall

Wimpelketten sind voll im Trend und prima als Deko für das Kinderzimmer, den Flur oder die nächste Party geeignet. Also basteln wir eine einfache Kette aus unserem Lieblingspapier. Das geht superschnell und sieht witzig aus. Außerdem hängen jede Menge Erinnerungen daran, die jetzt im Schrank oder Regal keinen Platz mehr wegnehmen:

1 größeres Stück Pappe
1 Cutter
1 Unterlage
1 hübsche, reißfeste Kordel
1 Locher
Reste von Comics, Geschenkpapier, Bildern usw.

➡ Ein längliches Dreieck als Vorlage mit einem Cutter aus einem Stück Pappe ausschneiden. Je nach Größe der Altpapierstücke kann das ein eher kleines, aber auch ein etwas größeres Stück sein. Für DIN-A4-Papierstücke ist eine Größe von 18 cm für die kurze Kantenlänge und 21,4 cm für die beiden langen Kantenlängen mit einem flachen Winkel von 45 Grad ideal. ➡ Pro Wimpeldreieck je nach Papierdicke und Beschaffenheit ein oder zwei Dreiecke ausschneiden. Bei beidseitig bedrucktem, dickerem Papier reicht ein Wimpeldreieck, bei dünnerem Papier oder Papier, das hinten weiß ist, sind zwei Dreiecke schöner. Diese einfach Rückseite an Rückseite aufeinanderkleben. ➡ Die fertigen Wimpeldreiecke oben an der kurzen Seite lochen, 2–4 Löcher je nach Größe. ➡ Eine Kordel zurechtschneiden und lieber etwas zu lang als zu kurz lassen. ➡ Die Dreiecke in regelmäßigen Abständen auffädeln. Sollten die Dreiecke zu sehr verrutschen, können Sie sie mit buntem Deko-Tape fixieren.

FLORÉAL

[flɔʁeal]

DER BLUMENMONAT

Wir wagen es, verträumt durch den Tag zu gehen, und machen eine Reise ins Land der Fantasie. Wir sind als Wolkenforscher unterwegs, basteln uns einen Traumfänger und kochen einen Kräutertee für süße Träume.

20. APRIL BIS 19. MAI

Einfach MAL träumen ...

... TUT UNS ALLEN GUT, DENN TRÄUME UND GEDANKEN KENNEN KEINE SCHRANKEN UND REGEN DIE KREATIVITÄT AN. LASSEN SIE IHREN KINDERN DIESE ZEIT.

Der Schnee, den die Aprilwolken gebracht haben, schmilzt beim Kontakt mit dem Boden sofort und hinterlässt kleine Pfützen auf dem Feldweg. Die Wolken jagen am Himmel dahin, aber gelegentlich bricht ein Sonnenstrahl aus dem Wattegebirge und spiegelt sich funkelnd im Wasser. Ein kleiner Fleck blauen Himmels ist zu erkennen, darin feinste Federwölkchen, die aussehen wie verwehte Zuckerwatte. Noch ein kurzer Augenblick, dann hat sich wieder eine dunkle Kumuluswolke vor den Bildausschnitt geschoben. Der Wind frischt auf und Sekunden später fängt es wieder an zu schütten, durchsetzt mit feinem Graupel und dicken, fröhlichen Schneeflocken. Die Kinder strecken ihre Gesichter in den Mix aus Niederschlägen und lachen. Mit Anlauf springen sie in die Pfütze, das Wasser spritzt in das noch unbestellte Feld. An den Bäumen sind erste grüne Blätter zu sehen, die nun tüchtig vom Wind gezaust werden. Eine einsame Tulpe außerhalb des sorgsam eingezäunten Gartens leuchtet dunkelrot gegen die weißen Schneeflocken, die um sie herumtanzen. »Mama, können wir die Blume mit nach Hause nehmen? Ihr ist doch bestimmt kalt!« »Nein, meine Liebe, die Blume kommt schon klar.« Im selben Augenblick ist die dicke graue Wolke verschwunden und die Sonne lässt den gerade gefallenen Schnee sofort wieder zu Wasser werden. Plötzlich ist überall zwischen den Wolken blauer Himmel zu sehen, das Licht ist hell und strahlend und sofort fangen wir an, in unseren dicken Regensachen zu schwitzen. Der Himmel ist übersät mit den unterschiedlichsten Wolkensorten, die Zeugen des sehr bewegten Wettergeschehens und der Unruhe der Atmosphäre sind. Verträumt sehen meine Kinder nach oben, fragen nach, wie die Wolkenarten heißen und welches Wetter sie ankündigen. Nach kurzer Zeit verfallen sie in ein lustiges Formenfinden: »Meine Wolke sieht aus wie ein Drache mit langen Fingernägeln, der Sonnenfeuer spuckt.« »Meine Wolke sieht aus wie Vanilleeis! Lecker!« Bald sind beide am Träumen

> Träume sind dazu da, unsern Weg vorzubereiten.
>
> *Anke Maggauer-Kirsche*

und Fantasieren. Bis die nächste große Regenwolke die Sonne verdunkelt und uns frösteln lässt. Jetzt ist es Zeit, nach Hause zu gehen und bei einem heißen Kakao auf dem Sofa weiterzuträumen ...

Tagträume sind wichtig für unsere Kinder

Die Engländer sagen zu jemandem, der verträumt ist, gerne »he's got his head in the clouds« und Verliebte sind auf »Wolke sieben«. Wolken, diese zufällige Manifestation von Wasserdampf in einer sich ständig in Bewegung befindlichen Atmosphäre, sind das Sinnbild für Träume, Verträumtheit, geistige Abwesenheit. Der Gründer der »Cloud Appreciation Society«, Gavin Pretor-Pinney, spricht im Manifest der Society davon, dass Wolken für die Träumer auf

dieser Welt sind und ihre Betrachtung die Seele heilt, sodass man sich das Geld für den Psychologen sparen kann. Aber darf man heutzutage überhaupt noch ein Träumer sein?
Tagträume haben in der durchorganisierten Kindheit von heute kaum noch Platz. Ein Träumer in der Schule hat es schwer, dem Unterricht zu folgen, wenn er immerfort aus dem Fenster den Wolken oder den Vögeln hinterher starrt. Manche Kinder ecken bei ihren Klassenkameraden an, weil sie lieber in sich gekehrt in ihrer Fantasiewelt leben und nicht auf die anderen Kinder eingehen. Verträumte Kinder wirken oft sehr abwesend, sodass dann von Aufmerksamkeitsdefizit gesprochen wird. Diese Diagnose darf aber nicht vorschnell und vor allem nur von einem qualifizierten Kinder- und Jugendpsychiater gestellt werden und sollte erst nach reiflicher Überlegung und etwas Zeit angegangen werden. Tagträumen in der Grundschule verschwindet nämlich nach einer gewissen Phase der Reifung meist ganz von selbst. Dass sich heute mehr Träumer als früher in den Grundschulen finden, mag also nicht nur mit den gestiegenen Anforderungen, sondern auch mit dem früheren Einschulungsalter der Kinder zusammenhängen. Fünfjährige sind einfach noch nicht reif genug, einen ganzen Vormittag lang dem Unterricht zu folgen und stillzusitzen. Eine Aufmerksamkeitsstörung kann übrigens erst ab dem 7. Lebensjahr verlässlich diagnostiziert werden, was zeigt, dass bis zu diesem Alter Verträumtheit ganz und gar normgerecht ist.

GUT ZU WISSEN

Es gibt auch Studien, die diese Vermutung unterstützen. So wird bei zu früh eingeschulten Kindern deutlich häufiger ADS/ADHS diagnostiziert als bei eher spät eingeschulten Kindern. Im Land Berlin, in dem viele Kinder bereits mit fünf Jahren in die Schule müssen, scheitern viele Schülern bereits in der Grundschule an den Anforderungen. In Finnland hingegen, das als Musterland gilt, was Schulbildung angeht, werden die Kinder erst mit sieben Jahren eingeschult. Da haben die meisten ihre Träumerle-Phase bereits hinter sich.
Aber auch im Kindergarten sind bereits alle so auf die Förderung von Sprache, Mathematik und Motorik fokussiert, dass das Träumen-Können, das Kindern von Natur aus mitgegeben ist, als unerwünscht angesehen und bestenfalls ignoriert, schlimmstenfalls bestraft wird. Auch wir Eltern gehen oft vorwurfsvoll mit unseren Kindern um, die nicht sofort reagieren, wenn wir sie ansprechen und etwas von ihnen wollen: »Träumst du schon wieder?«, »Träum doch nicht ständig«, heißt es dann. Die Kinder träumen aber nicht just in diesem Moment, um uns zu ärgern. Vielmehr versuchen wir in einem ungünstigen Moment, die Aufmerksamkeit unserer Kinder zu erlangen, und ärgern uns, wenn diese ihrem ganz eigenen Rhythmus folgen und weiterträumen. Dabei lernen Kinder, wie bereits erwähnt, spätestens bis zum 7. Lebensjahr den Impuls zum Tagträumen zu kontrollieren und, zum Beispiel in der Schule, zu unterdrücken. Aber auch, wenn sie als Teenager am Nachmittag im Zimmer liegen und die Decke anstarren, sollten Sie vielleicht nicht genau dann mit der Bitte, Hausaufgaben zu erledigen oder aufzuräumen, kommen.

Träumen und Fantasie gehören zusammen

Gelegentliches Träumen ist nichts Schlimmes. Im Gegenteil: Kinder können eigentlich gar nicht zu viel Fantasie haben. Jan-Uwe Rogge stellt in seinem Buch »Lasst die Kinder träumen« fest, dass heutzutage rationale und kognitive Lernziele Vorrang haben. Großer Nachteil: Kinder, die ständig verplant sind, permanent vorgegebene Aufgaben bearbeiten müssen und wenig Zeit für Tagträumereien haben, werden schneller von Langeweile geplagt und haben das freie Spiel fast komplett verlernt. Dass Fantasie in die durchgetaktete Kindheit von heute nicht mehr passt, lässt sich meiner Meinung nach auch gut an

STIMMT!

Ideen und Gedanken verändern die Welt, Träume können das auch. Weshalb sollten dann Gedanken real und Träume nur Schäume sein?

Kersten Kämpfer

INTERESSANT

der Entwicklung der Kinderbücher für die jüngere Zielgruppe ablesen: Während früher Pippi Langstrumpf oder Ronja Räubertochter wirklich fantastische Abenteuer erlebten, bewegt sich heute die Lieblingsheldin Conni in einem sehr rationalen Rahmen und bringt den Kindern die »Abenteuer« Radfahren, Reitenlernen, Balletttanzen und Kindergeburtstagfeiern nahe – natürlich ohne Scheitern und mit immer wiederkehrendem Erfolg, auf jeden Fall aber ohne jegliche Regelübertretung oder gefährliche Situationen.
Oder können Sie sich vorstellen, dass Conni alleine eine Nacht im Wald verbringt? Erst im Jugendalter ist fantastische Literatur wieder gefragt, wenn keine Gefahr mehr besteht, dass sie Kinder zum Träumen oder Müßiggang anregen könnte. Ich werde den Eindruck nicht los, dass diese fantastische Lektüre, sei es über Zauberer im Internat oder Drachenkämpfer, so beliebt ist, weil die Kinder auf dem Gebiet der alternativen Realitäten etwas nachzuholen haben.

Verschiedene Arten von Tagträumen

Wie wichtig der »Hausputz der Seele« (Jan-Uwe Rogge über Träume) ist, wird erst seit kurzem erkannt. Die Forschung zu den Tagträumen ist nämlich noch nicht sehr alt und bleibt in der Psychologie bis heute ein Randthema. Als einer der Urväter der Tagtraum-Forschung wird Jerome L. Singer bezeichnet. Seit 1966 beschäftigt er sich mit diesem speziellen Gebiet. Seine Erkenntnisse sind auch für uns Eltern interessant. So unterscheidet er zwischen positiv-konstruktivem Träumen, das heißt, Träumereien, die die Planung und Bewältigung zukünftiger Ereignisse betreffen und Kreativität hervorbringen, und schuldhaft-verstimmten Tagträumen, die sich um Ängste oder Scheitern drehen, sowie Tagträumerei aufgrund schlechter Kontrolle der Aufmerksamkeit. Letztere werden auch gelegentlich als maladaptives Träumen zusammengefasst.
Das heißt für uns als Eltern, dass wir unterscheiden müssen zwischen Träumerei, die Fantasie hervorruft und der Seelenreinigung dient, und jener Art von Träumen, die entweder eine regelrechte Flucht aus dem Alltagsgeschehen sind, zum Beispiel aufgrund von Schulproblemen oder Mobbing, oder Symptome einer ausgeprägten Aufmerksamkeitsstörung. Anzeichen dafür sind die Häufigkeit und Dauer von Träumereien sowie deren Inhalt, nach dem Sie Ihre Kinder auch fragen dürfen. Wenn ein Kind immer dann, wenn es in einer stressigen sozialen Situation ist, in Tagträumen versinkt und sich quasi in sich selbst versteckt, dann heißt es aufmerksam zu werden. Die hier vorgeschlagenen, gemeinsamen Fantasiereisen (Seite 76) und das Plädoyer für mehr Zeit zum Träumen sind also vor allem für Kinder gedacht, die an Fantasiemangel leiden oder sich schlecht selbst beschäftigen können, denen Kreativität fehlt oder die nach einer anstrengenden Schulwoche gar nicht zur Ruhe kommen wollen.

Träume sind Voraussetzung für Kreativität

Die Bildungsziele der Kulturministerien, immer getrieben von internationalen Leistungsvergleichen, eine immer anspruchsvollere Arbeitswelt, Konkurrenzdruck und die Konzentration

Querdenker und Tagträumer gesucht

auf häufig nur ein Kind bringen viele Eltern dazu, ihr Kind eher zu überfördern als wirklich zu fordern. Die Abschaffung des Träumens und Meditierens aber schränkt den Lernwillen der Kinder ein. Von außen eingetrichtertes Wissen und die ausschließliche Fokussierung auf Schule und Lerninhalte rauben dem Nachwuchs schon früh die Lust am selbständigen Lernen. Das Ergebnis ist ein verrücktes Paradoxon: Je mehr wir unsere Kinder triezen mit Frühförderung, Nachhilfe und Extra-Sprachunterricht, desto weniger scheinen sie später zu wissen und zu können. Längst beklagt die Wirtschaft den Mangel an wirklich talentiertem, eigenständigem, klugen Nachwuchs. Und das, obwohl doch heute mehr denn je der Fokus auf die frühkindliche Bildung und das immer frühere Erlernen von Schreiben, Rechnen und Englisch gelegt wird? Nun, reines Wissen ohne Einbildungskraft und die Fähigkeit, querzudenken ist wie ein Auto ohne Benzin. Denn Querdenken, Träumen und über den Tellerrand blicken sind die Fähigkeiten, die harte Fakten erst zu einem wirklich guten Werkzeug werden lassen. Jemand, der zwar alle chemischen Formeln auswendig runterbeten kann, aber nicht den Mut hat, im Labor etwas Neues auszuprobieren, wird akademisch immer auf der Stelle treten. Jemand, der die deutsche Rechtschreibung perfekt beherrscht, aber Wörter nur in ihrer vom Duden vorgegebenen Bedeutung benutzt, wird kein kreativer Werbetexter werden. Und nicht nur in intellektuellen Berufen sind Kreativität und eigener Wille gefragt. Köche können nur neue Geschmackskompositionen kreieren, wenn sie sich trauen, zu experimentieren und ihren Visionen zu folgen. Die genialsten Erfinder werden nicht selten – vor ihrer bahnbrechenden Entdeckung – als Spinner bezeichnet. Aber Hirngespinste sind nun mal nicht so hinderlich, wie sie oft dargestellt werden. Die Menge an Dingen, die Kinder heute bereits in der Grundschule lernen, ist aber derart groß, dass neben Schule, Hausaufgaben und Hobbys kaum noch Zeit für Hirngespinste bleibt. Schade, denn zum einen wird das, was die Kinder lernen, nicht mehr vertieft, sodass sie alles irgendwie, aber nichts richtig gut können. Zum anderen fehlt dann die Zeit, einfach Kind zu sein, zu spielen, zu träumen, der Fantasie nachzugehen.

Geben Sie Ihren Kindern die Zeit, wenigstens am Wochenende zu träumen. Auch wenn dort weitere Termine locken – mit Freunden brunchen, klettern oder in den Freizeitpark gehen – gibt es für Kinder nichts Schöneres, als bis mittags im Schlafanzug im Zimmer Legoschlachten zu schlagen, in Mamas Kleidern zur entführten Prinzessin zu werden oder auf einem großen Stück alter Tapete das Traumhaus zu malen. Während die Kinder den Vormittag verbummeln, bummeln wir als Eltern mit. Trinken Kaffee, Saft oder Tee, unterhalten uns, spinnen Träume über das Häuschen im Grünen oder die Hütte in den Alpen, den Jobwechsel, das nächste Fest mit Freunden, wohin wir reisen möchten, wenn die Kinder aus dem Haus sind. Zeichnen Entwürfe für Möbel auf die Rückseite von Werbebriefen, falten Origami aus Bonbonpapier und malen Wolkenbilder in den Milchschaum. Und wer gern gemeinsam träumen möchte, der findet auf der nächsten Seite eine gute Idee.

FantasieREISEN

LASSEN WIR UNS ZUSAMMEN MIT UNSEREN KINDERN VON UNSERER FANTASIE IN EINE ANDERE WELT TRAGEN UND ERLEBEN DORT GEMEINSAM TOLLE ABENTEUER.

DAS WIRD SPANNEND

Bei Albert Einstein – dem Versager, der die Schule abbrach, aber heute als Jahrhundertgenie gilt – zeigte sich früh das, was auch zurzeit wieder an Schülern kritisiert wird: eine unbändige Lust am Fabulieren, Ausprobieren, Querdenken und Träumen. Dies passte und passt natürlich nicht in eine zielorientierte Kindergarten- und Schulumgebung, in der am Ende der normierte Leistungsnachweis entscheidend ist. Dabei ist genau dieses scheinbar ziellose Fabulieren und Ausprobieren die Grundlage für weitreichende Entdeckungen, wie Einstein in seinem Leben eindrucksvoll bewiesen hat. Die dem Kind in die Wiege gelegt Fantasie zuzulassen und – vor allem – mitzumachen, kann also nicht grundsätzlich falsch sein. Der unsichtbare Freund, der einem Kindergartenkind nach dem Umzug über die ungewohnte neue Situation hinweghilft, bekommt beim Abendessen auch ein Tischgedeck. Ein Kind, das still in seinem Zimmer tagträumend sitzt, darf auch ruhig 10 Minuten später mit den Hausaufgaben oder dem Aufräumen anfangen – lassen Sie es einfach mal in seiner Fantasiewelt sein, holen Sie es nicht sofort heraus und machen Sie am besten gleich mit. Gemeinsame Fantasiereisen nach hektischen Wochen oder auch nach Konflikten helfen oft, über Stress, Ärger und Anspannung hinwegzukommen.

Für einige mag das vielleicht esoterisch klingen, aber Fantasiereisen sind tatsächlich eine schöne Familienaktivität, die völlig ohne Auto, Flugticket und Kofferpackstress auskommt und nichts kostet außer einer Stunde Zeit. Gerade wenn Sie wenig gemeinsame Zeit mit Ihren Kindern haben, können Sie so zusammen ein kleines Abenteuer erleben und dem Alltag entfliehen. Suchen Sie sich mit Ihren Kindern eine Lichtung im Wald, legen Sie sich auf das kühle Moos oder, wenn das zu unbehaglich ist, auf eine kuschelige Picknickdecke und schauen Sie nach oben in den Himmel. Die rauschenden grünen Baumkronen bilden einen Bildausschnitt, sodass eine Art Wolkenfernseher entsteht oder auch ein Fenster in die Welt der Tagträumerei. Nun darf das erste Familienmitglied anfangen zu erzählen, wohin die Reise heute geht, vielleicht inspiriert von den Wolkenformen, die sich an jenem Tag zeigen. Eine dicke Kumuluswolke erinnert an das Gebirge, feine Zirruswolken eher an die Priele im Sand des Wattenmeeres. Jedes Familienmitglied kommt an die Reihe und darf ganz nach eigener Vorstellung einen Teil zur Reise dazudichten. Dem Abenteuer sind keine Grenzen gesetzt, neben dem Drachen darf auch eine Tiefseeexpedition, die Besteigung des Mount Everest oder ein Wolkenschiff vorkommen – erlaubt ist, was gefällt.

Vielleicht fällt Ihren Kindern und Ihnen selbst am Anfang die Fantasiereise schwer. Kein

Fantasie ist viel wichtiger als Wissen, denn Wissen ist begrenzt.

Albert Einstein

Wunder, schließlich versagen wir uns derart oft das Tagträumen, dass wir es erstmal wieder üben müssen. Selbstverständlich gibt es auch dort, wie in allen anderen Bereichen, Naturtalente. Denn es gibt den Menschentyp »Träumer«, der als hochsensible Person bis ins hohe Alter eine reiche Innenwelt vorfindet, in die er sich flüchten, aus der er aber auch Kraft schöpfen kann. Diese Träumer in der Familie können dann bei gemeinsamen Fantasiereisen gut das Lenken der Erzählung übernehmen, vor allem, wenn die anderen Mitglieder der Familie eher nüchterne Naturen sind. Wem es zum peinlich ist, mit der ganzen Familie im Wald in die Wolken zu gucken, kann eine Fantasiereise natürlich auch zu Hause unternehmen – schöner ist es aber in der freien Natur, wo Gerüche, Geräuschen und die Umgebung die Vorstellungskraft anregen und zur Entspannung beitragen.

Dass dem Menschen die Sehnsucht nach einer alternativen Realität innenwohnt, zeigt die große Beliebtheit von Computerspielen, in der der Spieler sich als eine völlige andere Person durch völlig andere Welten bewegen und so den Alltagssorgen entfliehen kann. Gerade Teenager vergraben sich hier gerne stundenlang, um Allmachtsfantasien auszuleben. Der Nachteil daran ist aber: Man sitzt bewegungslos vor dem Bildschirm und konsumiert eine von anderen erfundene Geschichte, auf deren Wendungen und Endungen man nur beschränkt Einfluss hat. Das eigene Potential an Fantasie wird dadurch zwar angeregt, aber die daraus entstehenden Impulse werden nicht körperlich verarbeitet, Schlaflosigkeit kann die Folge sein.

GUTE IDEE!

Das Ausleben von Tagträumen im Spiel hingegen ist laut dem Pädagogen Jan-Uwe Rogge einem gesunden Nachtschlaf eher förderlich. Wer tagsüber auf Bäumen gegen Piraten gekämpft, in kleinen Bächen Seeungeheuer gejagt oder aus dem Spielplatzturm Prinzessinnen befreit hat, schläft abends schneller ein und besser durch. Wenn Sie als Elternteil eine große Menge an Fantasie haben, wozu ich Sie ganz ausdrücklich beglückwünschen möchte, können Sie die bei Ihren Kindern beliebten Games in den Alltag übertragen. So gibt es bei uns immer wieder Schlachten von Badewannen-Nintendo, ein Spiel, bei dem Badespielsachen mit einer Wasserpistole vom Badewannenrand geschossen werden müssen. Angry Birds wurde vom Smartphone geworfen und existiert nur noch als Dosenwerfspiel, mit selbst genähten »Angry Birds«.

Die Idee, Computerspielwelten in die Wirklichkeit zu holen und auszuleben, ist natürlich nicht neu. Sogar eine große Menge erwachsener Menschen erfreut sich daran. Rollenspiele sind das beste Beispiel dafür: Erwachsene Männer verkleiden sich als Trolle oder Frauen in Mittelaltergewändern spazieren durch den Wald und sammeln Kräuter. Da kann man nun entweder sagen: »Die spinnen!« oder, wie Erich Kästner schon so schön formulierte: »Erst wer erwachsen wird und ein Kind bleibt, ist wirklich ein Mensch.«

NUR FÜR ELTERN

MAL AUSPROBIEREN

WANN HABEN SIE DAS LETZTE MAL RICHTIG GETRÄUMT?

Vielleicht ist Ihr Leben durch den verplanten Alltag total hektisch und der Nachtschlaf scheinbar traumlos, weil Sie viel zu erschöpft sind, um zu träumen? Dann tagträumen Sie mal! Gerade in Phasen, in denen schwierige Entscheidungen anstehen oder eine schleichende Unzufriedenheit das Familienleben belastet, können Tagträume Wunder wirken. Einem entspannten Geist öffnen sich nämlich völlig neue Lösungsansätze. Also kurz eine Auszeit nehmen, sich gegenüber einer weißen Wand, auf den Balkon oder in den Wald setzen, in die Ferne schauen und das Gedankenkarussell in die Weite des Himmels entlassen.

Kräutertee für gute TRÄUME

WER ABENDS UNRUHIG IST UND SCHLECHT TRÄUMT, BRAUCHT MANCHMAL EINFACH NUR EINEN KLEINEN SCHLUMMERTRUNK. KAMILLE UND LAVENDEL WIRKEN BERUHIGEND, PFEFFERMINZE UND SALBEI SIND GUT FÜR DEN MAGEN – UND DAS ALLES SCHMECKT NACH FRÜHLING. HMMM!

Schlummertrunk für Kinder und Eltern

Kamille für diesen Tee können Sie selbst sammeln, Minze, Salbei und Lavendelblüten auf dem Balkon ernten und alles langsam auf dem Dachboden trocknen lassen. Natürlich gibt es die Kräuter auch bereits getrocknet in der Apotheke oder in gut sortierten Teeläden zu kaufen.

1 gestr. EL Kamille
½ gestr. EL Pfefferminze
1 gestr. EL Salbei
½ gestr. EL Lavendelblüten
kochendes Wasser
Honig zum Süßen

für 1 l
12 Minuten

Die Kräuter mit sprudelndem Wasser aufgießen und 10 Minuten ziehen lassen. In Tassen abseihen und mit Honig süßen.

TIPP: Für den Vorrat eine größere Menge der Kräuter im gleichen Verhältnis mischen, in ein Weckglas geben und fest verschließen.

Lavendel
Kamille
Minze
Gute Nacht!

Wir werden Wolkenforscher

WOLKEN REGEN ZUM TRÄUMEN AN UND VERÄNDERN STÄNDIG IHRE FORM. WER DIE VERSCHIEDENEN WOLKENARTEN KENNT, KANN SOGAR DAS WETTER VORHERSAGEN.

Das altbekannte und fast vergessene Spiel »Wolkenformen-Raten« ist immer noch eine unserer liebsten Beschäftigungen, wenn wir auf einer Wanderung eine Pause machen und auf dem Rücken auf der Picknickdecke liegen oder im Auto auf der Autobahn im Stau stehen. Da fliegen Häuser, Krokodile, Feenschlösser und Drachen vorbei, verwandeln sich Hexen in Handrührgeräte, dicke Wolkengebirge in leckere Erdbeereiskugeln. Dass diese Wolken aber nicht nur die Fantasie anregen, sondern auch das Wetter vorhersagen können, wissen nicht mehr viele Leute. Früher erkannte man an dichten flachen Schäfchenwolken einen Wetterwechsel hin zu Regen. Feine, hohe Zirruswolken in sonst wolkenfreiem Himmel sind hingegen ein Zeichen für eine stabile Hochwetterlage. Kindern beizubringen, welche Sorten Wolken es gibt, was für ein Wetter sie vorhersagen und vor welchen Gewitterwolken man sich wirklich fürchten muss, macht richtig viel Spaß.

Wir führen ein Wolkenforscher-Tagebuch

Am schönsten ist es, dazu ein Wolkenforscher-Tagebuch anzulegen. Das gibt den Kindern die Gelegenheit, Erlebtes aufzuschreiben und ihre Zeichenfertigkeit zu üben. Übrigens müssen Sie das nicht auf Kinder beschränken, die schon in der Schule sind. Selbst Zwei- oder Dreijährige können schon ein eigenes Forschertagebuch führen und darin – ganz nach ihren Fähigkeiten – ihre Beobachtungen aufzeichnen. Ermutigen Sie schon die Kleinsten, mit dicken Wachsmalern fluffige Kumuluswolken auf ein Blatt Papier zu zeichnen. Sie werden sehen: Der Nachwuchs ist stolz auf seine Forschungen.

DAS MACHEN WIR AUCH! →

Natürlich kann das Forscherbuch nicht an einem Nachmittag gefüllt werden. Am besten legen Sie es auf die Fensterbank und machen ein kleines Ritual daraus: Kurz bevor es in die Schule oder abends zum Zähneputzen geht, wird noch schnell die aktuelle Wolke gezeichnet, benannt und aufgeschrieben. Besonders bei Wetterumschwüngen sitzen meine Kinder gerne zum Wolkengucken auf dem Balkon. Bei einem Gewitter können Sie Wetterstation spielen und die Kinder immer wieder die Wechsel in der Atmosphäre beschreiben lassen. Ein kleines Barometer, an dem die Veränderung des Luftdrucks abgelesen werden kann, ist einen praktische Ergänzung.

Um die Wolken ganz genau identifizieren zu können, empfehle ich das Buch »Wolkengucken« von Gavin Pretor Pinney. Im Original wurde es von der Cloud Appreciation Society herausgebracht. In ihm sind alle Wolkensorten sehr gut und

WOLKEN – DIESE FLÜCHTIGEN GEBILDE AUS WASSERDAMPF – SIND ALS UNTERHALTUNG UMSONST UND FAST STÄNDIG ZU HABEN.

unterhaltsam erklärt. Gerade für Anfänger und interessierte Erwachsene ist es eine schöne Einführung in die Welt der Wolken, auch weil der Autor immer mit interessanten Anekdoten aufwartet, zum Beispiel mit der Geschichte eines Piloten, der in einer Gewitterwolke nach seinem Ausstieg mit dem Schleudersitz erstmal mehrere Kilometer in die Höhe sauste, bevor die Schwerkraft siegte. Er hat es übrigens überlebt! Wer richtig ins Detail gehen will, sollte sich den Naturführer »Wolken« von Hans Häckel, einem Meterologen an der TU München, ausleihen oder beschaffen.

Wolken als Wettervorhersage

Hier die wichtigsten Wolken-Sorten und welches Wetter sie vorhersagen:
HOHE WOLKEN: Zirruswolken sind die feinen, federförmigen und aus Eis bestehenden Schleierwolken, die ganz hoch am Himmel sind und noch genügend Sonnenlicht durchlassen. Manchmal entstehen in diesen wie mit dem Pinsel gemalt am Himmel hängenden Wolken auch Lichterscheinungen wie Lichtbögen oder so genannte Halos, leuchtende Ringe um die Sonne. Besonders oft gibt es diese Erscheinungen, wenn sich die Zirruswolken zu einer hohen Schleierwolkenschicht verbinden, der so genannten »Cirrostratus«. Diese Wolken kommen nur in sehr großer Höhe (5–13 km über der Erde) vor, daher bestehen sie ausschließlich aus Eis. Falls sie sich zu einer hohen Schicht (Schleierbewölkung) verdichten, können sie auf das Entstehen einer Warmfront hinweisen, die aber immer auch Regen bringt. Manchmal sind sie so weit oben in der Troposphäre, dass sie auch noch nach Sonnenuntergang angeleuchtet werden.
MITTELHOHE WOLKEN: Altocumulus und Altostratus sind Schäfchen- oder Schichtwolken, die in mittlerer Höhe (2–7 km) über dem Erdboden zu finden sind. Besonders bekannt sind die Schäfchenwolken, die sich manchmal zu einer lichtdurchlässigen Schicht verbinden, die ein wenig wie marmoriert aussieht. Die Altrostratus ist eine Schichtwolke, die kaum noch Licht durchlässt. Sie ist so dicht, dass man die Sonne direkt anschauen kann und sie nur noch wie ein heller Ball erscheint. Altrostratus kündigt in der Regel eine Wetterverschlechterung und baldigen Regen an.
TIEFE WOLKEN: Cumulus humilis ist eine niedrige Haufenwolke. Die Ausdehnung dieser typischen Schönwetterwolke ist in der Breite größer als in der Höhe. Sie löst sich nach Sonnenuntergang oft wieder auf, weil sie nur durch die Thermik der Sonne entsteht.
Cumulus congestus ist eine hohe Haufenwolke. Der große Bruder der niedrigen Haufenwolke hat eine gerade Unterseite und fast blumenkohlartige Rundungen an der Oberseite. Kinder malen sie gern. Bei sehr warmem Wetter und guter Thermik entwickelt sich daraus die unten beschrieben Gewitterwolke.
Nimbostratus ist die graue, tief hängende Wolkendecke, aus der sich gerne Dauerregen ergießt.
WOLKEN MIT GROSSER HÖHENAUSDEHNUNG: Cumulonimbus heißt die Gewitterwolke. Sie ist ein beeindruckendes Ungetüm, das von der Basis bis zur obersten Wolkenspitze gelegentlich mehr als 10.000 m hoch reicht. Diese Wolken bringen lokal heftige Schauer und Gewitter, oft mit Hagel, der dadurch entsteht, dass das Wasser in der großen vertikalen Ausdehnung durch die starke Thermik immer wieder in höchste Luftschichten geschleudert wird, dort gefriert, wieder herunterfällt, wieder hochgeschleudert wird usw., bis ein Hagelball oder -korn, je nach Energie der Wolke, entstanden ist.

Traumfänger
1. Knotenrunde
2. Knotenrunde
3. Knotenrunde
4. Knotenrunde

BASTELN IM FRÜHLING

GLÜCKSBRINGER FÜR KLEINE TRÄUMER

DAMIT DIE SCHÖNEN TRÄUME NICHT WEGKÖNNEN, BÖSE TRÄUME UNS ABER GAR NICHT ERST ERREICHEN, BASTELN DIE KINDER EINEN TRAUMFÄNGER, DER NEBEN DEM BETT AUFGEHÄNGT WIRD UND FÜR GUTEN SCHLAF SORGT. ÜBRIGENS SOLL ER AUCH GEGEN MONSTER UNTER DEM BETT HELFEN.

Traumhafte Traumfänger

Wie schnell sind schöne Träume vergessen, wenn man morgens vom Wecker aus dem Schlaf gerissen wird! Traumfänger aus Weiden, Wollresten, Schneckenhäusern, Muscheln vom letzten Strandurlaub oder Lieblingsperlen können das verhindern.

Für 1 Traumfänger
1–2 biegsame frische Weidenschösslinge, ca. 60 cm
1 kleines Stück fester Draht
bunte Wollreste, ca. 2 m lang
Fundstücke aus dem Wald oder von Reisen (mit Loch)
bunte Holzperlen

➡ Die Weidenruten zu einem Ring biegen und miteinander verdrehen, sodass der Ring gut hält. Zur Sicherheit an den Enden noch mit einem kleinen Stück Draht fixieren. ➡ Ein Ende des Wollfadens am Ring festknoten, dann alle paar Zentimeter nebeneinander mit dem Faden eine Schlaufe und einen Knoten um den Ring machen, so lange, bis der Ausgangspunkt wieder erreicht ist. Die Knoten sollen immer schön straff sein, daher muss der Faden immer unter Spannung sein. ➡ Die zweite Runde Fäden nicht mehr am Ring, sondern immer mittig auf dem bereits gespannten Faden und wieder mit etwas Zug verknoten, sodass der erste Faden bereits etwas Richtung Ringmitte gezogen und Teil des entstehenden Netzes wird. Diesen Vorgang mit immer neuen Fäden fortsetzen, bis man in der Mitte angekommen ist. Dann einen festen Knoten machen, den man auch mit einer Perle verzieren kann. ➡ Nun die Fundstücke aus dem Wald sowie Holzperlen auffädeln und sowohl in das Netz als auch an den Weidenring hängen und diesen so ganz nach Lust und Laune dekorieren.

TIPP: Traumfänger sind ein toller Bastelspaß für einen Kindergeburtstag.

PRAIRIAL

[pʁɛʁjal]

DER WIESENMONAT

Wir gestalten einen Stadtplan und organisieren einen Orientierungslauf. Mit einem deftigen Entdeckerpicknick im Gepäck dürfen die Kinder allein rumstromern und Pflanzen für ein Herbarium sammeln.

20. MAI BIS 18. JUNI

Wo sind die wilden Kerle hin?

ALLEINE DRAUSSEN SPIELEN – FRÜHER WAR DAS GANZ NORMAL. HEUTE WERDEN KINDER HÄUFIG GEFAHREN UND KENNEN IHRE UMGEBUNG KAUM NOCH.

Der Wind lässt die Kronen der großen Weidenbäume rascheln. Die gleißende Sonne flimmert über dem sandigen Feldweg und im nahe liegenden Feld zirpen die Grillen. Mein Gesicht ist von der Hitze ganz rot. Während ich im Unterholz noch nach kleinen, vertrockneten Blättern für unsere Supersuppe suche, hat mein Kindergartenfreund Lars mit den Prospekten aus dem Altpapiercontainer im Ofen schon ein kleines Feuer entfacht. Die von der Baustelle in der Nähe mitgenommenen Ziegelreste sind gerade groß genug, um den alten Metalltopf, den wir vom Sperrmüll haben, draufzustellen. Ich gieße das Wasser aus meinem Spielzeugeimer in den Topf und es zischt bereits. Zufrieden reibt sich Lars die Hände und legte ein paar Äste nach. Ein älteres Ehepaar spaziert auf dem Feldweg vorbei und nickt uns freundlich zu. Das kleine Feuerchen in unserem selbst gebauten Ofen lodert fröhlich. Die Supersuppe nimmt langsam Form an. Die Zutaten werden immer ausgefallener, ein kleiner Maiskolben vom Feld, ein paar Hagebutten, ein paar leckere Steinchen. Von dem imaginären Kochen werden wir tatsächlich hungrig. Schnell löschen wir das Feuer mit einer großen Schippe Sand und schleichen uns wie Indianer durch das Maisfeld an die hinteren Gärten der letzten Häuserreihe und naschen im Schutz des Getreides Himbeeren, die warm und süß über den Zaun wachsen. Zufrieden schleichen wir zurück und klettern noch ein letztes Mal auf den Baum. Viele Menschen laufen auf ihrem Abendspaziergang unter uns vorbei, ohne zu bemerken, dass gerade zwei sehr dreckige, aber auch sehr glückliche Kinder über ihren Köpfen auf wackligen Ästen sitzen. Schließlich fangen die Kirchenglocken im Ort mit dem Sechs-Uhr-Läuten an und es ist Zeit für uns, nach Hause zu gehen. Vor unserem Gartentor verabreden wir uns noch schnell

> Lass dich nicht unterkriegen, sei frech und wild und wunderbar!
>
> **Astrid Lindgren**

für den nächsten Tag, wieder unter den Weiden, und Lars verspricht, wieder genug Brennmaterial mitzubringen. Meine Mutter fragt mich nicht, wo ich gewesen bin, sondern freut sich, dass ich so sonnengebräunt und gut gelaunt offensichtlich einen schönen Nachmittag verbracht habe. Weder die dreckigen Kleider noch der leichte Rauchgeruch, der in meinem Haar hängt, scheint sie zu beunruhigen. Nach einem mit gutem Appetit verschlungenen Abendessen krieche ich mit sandigen Füßen unter die kühlen Laken und schlafe bald ein.

Früher waren Kinder freier

Wer hat jetzt die Hände über dem Kopf zusammengeschlagen? Wie verantwortungslos, ein Vorschulkind, ohne Eltern, aber mit Feuer! Irgendwo auf dem Feld. Und kein Erwachsener greift ein! Ungewaschenes Obst, Mundraub, auf Bäume klettern, Streichhölzer! Ja, wo sind wir denn? Wir sind in den 1980er Jahren, im Hochsommer, den ich fast ausschließlich mit meinem Freund Lars und der Bande aus dem Vorort im Wald, auf dem Feld oder dem zentralen Spielplatz verbracht habe. Eine ganze Horde Kinder im Vorschul- und Grundschulalter, die völlig ohne die Überwachung Erwachsener auf Bäume kletterten, zündelten, sich Buden im Wald bauten und mit Möbeln vom Sperrmüll einrichteten, die im kleinen Flüsschen nackt badeten und Staudämme bauten, die über den Gartenzaun hinweg Beeren naschten und auf Brachgrundstücken Mirabellen sammelten, die mit dem Fahrrad ohne Helm durch die Gegend düsten und BMX-Tracks entlangrasten, die sich vom letzten Taschengeld ein Wassereis kauften und das Karussell auf dem Spielplatz so schnell drehten, dass die Kleinkinder schreiend davon liefen, die mit Kreide unflätige Worte auf Nachbarsmauern schrieben und dafür am nächsten Tag putzen mussten, die stundenlang im Wald herumstromerten, ohne dass jemand sich große Sorgen machte – frei, alleine und erstaunlich selbstständig.

WAREN DAS ZEITEN!

Klar gab es Konflikte. Klar gab es kleine Unfälle, das eine oder andere aufgeschrammte Knie, eine kleine Brandblase, eine Beule am Kopf. Aber wir haben zusammengehalten und für unsere Probleme Lösungen gefunden. Ein Pflaster organisiert, den Freund nach Hause gebracht, den Eltern Bescheid gesagt. Wir kannten uns aus im Viertel, wussten, wer wo wohnt, wen man um Hilft bitten konnte und wann wir uns besser raushielten.

Warum ist das heute anders?

Interessanterweise sind die Helikoptereltern von heute die wilden Kinder von gestern. Warum gönnen sie ihren Kindern nicht das, was sie selbst erlebt und genossen haben? Wieso dieses mangelnde Vertrauen in die Fähigkeiten unserer Kinder, sich ihren Weg selbst zu bahnen? Wieso den Kindern die Möglichkeit nehmen, eine Welt ohne Anleitung von Erwachsenen zu entdecken?

Die Gründe für die gut überwachte Kindheit sind vielfältig. Sicherlich ist in manchen Gegenden das Lebensumfeld unsicherer geworden. Während in meiner Kindheit alle Viertelstunde ein Auto auf der Straße vorbeifuhr, ist es heute ein Auto alle zwei Minuten oder noch öfter. Die Nachverdichtung von Wohngebieten in den Großstädten und der Mangel an Grünflächen, die frei bespielbar sind, macht sich ebenso bemerkbar. Und natürlich gibt es die allumfassende Angst, dass jemand unserem Kind etwas antun könnte. Gefühlt haben Kindesentführungen in den letzten Jahren stark zugenommen. Das liegt aber vor allem daran, dass mehr und überregional über solche Fälle gesprochen wird. Betrachtet man aber die Statistik, so ist die Zahl der Kindesentführungen in den letzten Jahrzehnten sogar rückläufig. Übrigens: Die meisten Kinder werden durch nächste Verwandte, also Väter oder Mütter, im Zuge von Sorgerechtsstreitigkeiten entführt. Nichts destotrotz ist es natürlich gut, mit Kinder über dieses Thema zu reden und sie dafür zu sensibilisieren. Wer allerdings denkt, er schützt sein Kind vor derartigen Gefahren, wenn er es zu Hause einsperrt, vergisst den Zeitpunkt, an dem das Kind sich vielleicht nicht mehr einsperren lassen will – und ein naiver, gutgläubiger Teenager ist dann plötzlich deutlich mehr in Gefahr als ein Kind, dass sich auch gegenüber Erwachsenen zu behaupten weiß. Und zu guter Letzt winkt immer noch jemand mit der verletzten Aufsichtspflicht. Die Angst, als Rabenmutter oder Rabenvater dazustehen, wenn wir unser Kind sich selbst und dem freien Spiel überlassen, führt bei vielen dazu, dass den Kindern das Recht auf freie Persönlichkeitsentfaltung genommen wird. Der Pädagoge Roger Prott hat

> EIN AUGE AUF DIE KINDER ZU HABEN, HEIẞT NICHT, SIE UNABLÄSSIG ZU SEHEN.
>
> *Roger Prott*

dazu in seinem Buch eine ganze Reihe Urteile gesammelt, in denen Eltern von der vermeintlichen Verletzung der Aufsichtspflicht freigesprochen wurden, weil das Recht auf freie Entwicklung der Kinder schwerer wiegt als der Schutz vor Ungemach. Was aber passiert, wenn wir uns nicht auf die freie Entwicklung konzentrieren, sondern nur auf den Schutz? Wenn wir die Kinder überallhin fahren, in Freizeitaktivitäten bringen, ihre Verabredungen organisieren und sie im Haus halten, wie Hühner, die aus Angst vor dem Fuchs permanent im Hühnerstall eingesperrt sind?

Was sind die Folgen?

Wir ziehen unselbständige, unsichere Kinder heran, die tatsächlich später in viel größerer Gefahr sind, einen Unfall zu haben oder schlechte Entscheidungen zu treffen. Ein Kind, das nie gelernt hat, auf einen Baum zu klettern und seine Kräfte sicher abzuschätzen, wird sich als Erwachsener im Gebirge eher versteigen als jemand, der schon als Kind gelernt hat, wann er besser umkehren sollte. Ein Kind, das sich in der Auseinandersetzung mit anderen Kindern ohne das permanente Eingreifen der Erwachsenen seinen eigenen Platz im sozialen Gefüge erobert hat, wird sich als Erwachsener eher behaupten können, im Beruf, gegenüber anderen, im Verein. Ein Kind, das ein paarmal vom Fahrrad fällt, hat das Fallen gelernt. Ein Kind, das sich einmal die Hand verbrannt hat, weiß, dass Feuer gefährlich ist. Auch für das Selbstbewusstsein ist es gut, den Kindern früh eigene Wege im Viertel oder im Dorf zuzutrauen. Ein Kind, das mehrmals alleine in die Schule oder zum Bäcker gelaufen ist, hat Zutrauen in seine Fähigkeiten und fühlt sich eigenständig.

LEUCHTET EIN

Welch seltsame Blüten die Kontrolle über unsere Kinder treibt, kann man ganz gut in den USA beobachten. Das Land der unbegrenzten Möglichkeiten, die Heimat der Freiheit, ist für Kinder alles andere als frei. Dort ist es in großen Teilen schlichtweg verboten, Kinder vor dem 13. Lebensjahr alleine in die Schule zu schicken. Mama-Taxi oder Schulbus sind also quasi Pflicht. Eltern, die ihre Kinder alleine von und zur Schule laufen lassen, haben dort immer wieder Ärger mit dem Jugendamt. Eine Familie wurde sogar von den Nachbarn angezeigt, weil die Kinder alleine im Garten gespielt haben – diese Kinder waren keine Kleinkinder mehr.

UNGLAUBLICH

Während das in unseren Ohren ziemlich verrückt klingt, sollten wir uns aber vielleicht doch fragen, ob es nicht ebenso verrückt ist, dem Kind den Schulranzen ins Klassenzimmer zu tragen, das Kind bis vor die Schule zu karren oder einem Teenager den Turnbeutel hinterherzufahren. Warum ist es nötig, dass unsere Schule ein Schild aufhängt »Ich bin nicht mehr klein, gehe alleine in die Schule rein«? Auch an Elternabenden wird immer dringend darauf hingewiesen, dass Kinder alleine in die Schule laufen sollten, bis hin zu Wetterbewerben, welche Klasse die meisten Kilometer erlaufen hat – um dem Mama-Taxi mal eine Pause zu gönnen. Besonders bedenklich: Eltern greifen auch immer mehr direkt in Streitigkeiten der Kinder untereinander ein, gehen in die Schule und stellen den Kontrahenten direkt zur Rede – für die Schulleitung eindeutig ein übergriffiges Verhalten. Wenn Kinder Konflikte nicht mehr untereinander lösen können, sollte der erste Schritt doch immer der zum Klassenlehrer sein.

Überhaupt scheinen Kinder kaum noch etwas ohne Eltern zu unternehmen: Da sitzen Mama und Papa auch bei 12-jährigen Kindern noch auf der Spielplatzbank und passen auf oder warten beim Turnen auf der Ersatzbank, bis das Kind fertig gesportelt hat. Wenn ich nachmittags oder am Wochenende über die Spielplätze im Viertel gehe, sind sie entweder verwaist – bis auf Eltern mit Kleinkindern ist dort niemand zwischen 5 und 15 zu sehen – oder im Familienverband belegt. Alleine spielende Kinder? Fehlanzeige! Wo sind all

Kinder brauchen »Freilandhaltung«

die Kinderhorden hin, die sich früher auf der Straße tummelten, die in Gruppen mit dem Fahrrad durchs Viertel rasten, sich Kämpfe mit Juckpulver lieferten oder Fangen auf dem Kirchhof spielten?

Gegen die »Verinselung«

Das größte Hemmnis für mich, meinen Sohn nach draußen zu schicken, war nicht die Angst, dass er sich verlaufen könnte oder dass er verloren gehen könnte, sondern die Tatsache, dass er immer alleine draußen war. Mittlerweile hat er eine Handvoll Kumpel, mit denen er um die Häuser zieht, auch wenn der Radius für meinen Geschmack noch größer sein könnte. Wenn es Ihnen genauso geht, tun Sie sich mit anderen Eltern zusammen, sodass Ihre Kinder gemeinsam draußen spielen können. Je nach Gegend und sozialem Gefüge benötigt man einen sehr langen Atem, andere Eltern zu überzeugen, dass 8-jährige Jungs ruhig alleine auf den Waldspielplatz gehen können. Dass mein Sohn, seit er fünf Jahre alt ist, samstags immer alleine zum Bäcker geht, hat schon bei vielen hoch gezogenen Augenbrauen hervorgerufen. Dabei hat ihm genau diese Aufgabe ein großes Stück Selbstvertrauen gegeben. Stolz kommt er mit seiner Tüte voller frischer Brötchen nach Hause, erzählt was die Verkäuferinnen mit ihm gesprochen haben, zeigt seine Süßigkeiten, die er sich mit dem Botengang verdient hat, und erzählt auch anderen immer wieder davon, dass er alleine zum Bäcker gehen darf. Werden auch Sie Vorreiter des »Free-Range-Parenting« wie sich die Gegenbewegung zu der überbordenden Kontrolle in den USA nennt. Lassen Sie Ihr Kind alleine vor die Tür, zur Schule und zu Freunden gehen.

Wenn Ihr Kind viele Wege im Viertel alleine zurücklegen darf, beugen Sie der so genannten »Verinselung« vor, die bei Kindern heute oft anzutreffen ist. Verinselung bedeutet, dass Kinder kein umfassendes Bild mehr von ihrer Umgebung haben und nur noch Inseln kennen, zum Beispiel die Insel »Wohnung«, die Insel »Schule«, die Insel »Sportverein«. Schon alleine den Weg zu einem Klassenkameraden zu finden, würde schwierig. Außer dem Namen der eigenen Straße sind vielen Kindern Straßennamen im Viertel völlig unbekannt. Wer aber ein derart punktuelles Verständnis von Geographie hat, wird es auch als Erwachsener schwer haben, sich in fremder Umgebung zu orientieren. Die Fähigkeit, sich einen Punkt als Orientierung zu suchen und danach zu einem Ort zu finden, muss eben trotz Google Maps erlernt werden. Wenn der Akku vom Smartphone leer ist, steht man sonst ganz schön im Wald.

Mehr freie ZEIT für Eltern

DURCH FREIES SPIEL MIT FREUNDEN LERNEN UNSERE KINDER GANZ VIEL FÜR DAS SPÄTERE LEBEN – UND WIR HABEN PLÖTZLICH MEHR ZEIT FÜR UNS.

Wir haben es uns angewöhnt, unsere Kinder nonstop zu bespaßen. Weil wir sie nicht mehr oder nur selten alleine nach draußen lassen, sitzen unsere Kinder in ihren Zimmern und öden sich an. Große Phasen nervtötender Langeweile bekommen wir häufig nur noch mit dem Mittel »Einsatz von Unterhaltungselektronik« in den Griff. Natürlich setzt nach zwei Stunden Daddelei auf dem Tablet bei uns Eltern das schlechte Gewissen ein, schließlich wird allenthalben darauf gedrängt, sich möglichst pädagogisch mit den Kindern zu beschäftigen oder zumindest »Quality Time« mit ihnen zu verbringen. Aber genauso wichtig, wie draußen alleine rumzustromern, ist es, drinnen mit der Langeweile konfrontiert zu sein und so dazu gezwungen zu werden, ein eigenes Spiel zu entwickeln. Bitte lassen Sie das dann aber unkommentiert. Sprich: Hat Ihr Kind endlich eine Spielidee und räumt es dabei das Zimmer komplett um, müssen wir Eltern das entstehende Chaos aushalten. Auch wenn das Spiel anfängt, wüst und konzeptlos auszusehen – bitte halten Sie sich raus. Selbstverständlich wird später aufgeräumt. Aber in dem Moment, in dem Ihr Kind im »Flow« ist, machen Sie am besten die Tür zu, atmen durch und trinken ein Tasse Kaffee.

Freispielzeit = Freizeit für die Eltern

Freispielzeit bedeutet nämlich auch noch etwas anderes – und jetzt dürfen wir uns als Erziehungsberechtigte einfach mal freuen: ein bisschen Freizeit für Mama und Papa. Ja, was nach Vernachlässigung riecht, ist im Gegenteil pädagogisch viel wertvoller, als das dritte Vorschulheft durchzuarbeiten. Während die Kinder ihr Zimmer sozusagen in Schutt und Asche legen oder sich draußen alleine mit ihren Kumpels eine Matschschlacht liefern, dürfen wir uns einfach mal zurücklehnen und ein Stündchen Zeit für uns genießen. Und das ganz ohne schlechtes Gewissen. Schließlich tun wir etwas für die Entwicklung unserer Kinder.

KLINGT VERLOCKEND

Endlich können Sie mal den Brief an die Freundin schreiben, das Fotoalbum fertig einkleben oder einfach nur den Vögeln beim Fliegen zusehen. Wenn Sie Ihren Kindern außerdem erlauben, alleine zur Schule, zum Sportverein und zu Freunden zu gehen oder zu fahren, wirken Sie nicht nur der Verinselung entgegen, sondern Sie sparen eine ganze Menge Taxifahrten ein. Davon profitieren alle: Ihr Kind weiß, wo es langgeht im Viertel wie im Leben, Ihre Benzinkosten sinken und Sie müssen Ihr Kind

> Ein Kinderspiel benötigt keine Trainer und keine Schiedsrichter und auch keine Zuschauer; es nutzt den Raum und die Mittel, die ihm gerade zur Verfügung stehen.
>
> *Neil Postman*

nicht permanent von A nach B bringen. Natürlich gibt es Momente, in denen es nicht anders geht, wenn das Ziel zu weit weg ist, kein zuverlässiger Bus fährt usw. Wir kennen eine Familie, die ihren 8-jährigen Sohn alleine auf eine 5-stündige Zugreise im ICE mit Umsteigen geschickt hat. Sie kennen ihren Filius und waren immer wieder per Mobiltelefon mit ihm in Kontakt. Während mir das schon zu wagemutig gewesen wäre, weil mein Sohn zu verträumt ist, um irgendwo umzusteigen, gibt es also durchaus Kinder, denen man so etwas zutrauen kann.

Tasten Sie sich heran, an die Kinder-Freiheit. Sie werden dadurch wieder mehr Zeit für sich selbst haben und gleichzeitig Ihrem Kind die Chance geben, sich eigenständig zu entwickeln. Und werden Sie Botschafter für freies Kinderspiel in freier Natur – dann muss ihr Kind auch nicht alleine draußen spielen.

LOGISCH!

Nicht einmischen!

Abgesehen davon, die Kinder ganz alleine nach draußen zu lassen, ist es generell wichtig, sich nicht ständig in das Spiel der Kinder einzumischen. Viel zu oft sieht man Eltern, die in die Spiele der Kinder eingreifen, weil diese vermeintlich etwas »falsch« machen. Schuld daran ist die fortschreitende »Pädagogisierung« der Kindheit. Eine Tätigkeit, die nicht ganz offensichtlich dem höheren Ziel von Wissenserwerb dient, wird als wertlos angesehen. Konstruktives Spiel unter Anleitung von Eltern, die zu Aushilfspädagogen degradiert werden, ist das Gebot der Stunde. Lernen Sie mit Ihrem Kind Zahlenräume. Lernen Sie mit Ihrem Kind die Uhr lesen. Spielerisch Buchstaben lernen, spielerisch den Zahlenraum begreifen lernen – ein richtiges Lernprogramm, dass Eltern mit ihren Kindergartenkindern bereits absolvieren sollen.

Dabei lernen Kinder in freiem, ungelenkten Spiel viel eher lebensnotwendige Fähigkeiten als bei Aktivitäten, die von Eltern, Erziehern oder Lehrern vorgegeben und reglementiert sind. Auch die Fähigkeit, im Austausch mit anderen Kindern eigene Regeln zu erfinden, durchzusetzen, zu verwerfen oder einzufordern, wird nur in freiem Spiel gelernt. Ein Kind, dass beim Bauen einer Waldhütte immer wieder versucht, einen haltbaren Knoten zu machen, wird viel eher lernen, eine Schleife zu binden, als das Kind, dass mit der Mutter bei einem Lernspiel immer und immer wieder Knoten üben muss – weil die Lernmotivation bei dem Kind, das die Hütte baut, deutlich größer ist. Ist doch klar, Waldhüttenbauen macht viel mehr Spaß, als mit Mama Schleifebinden zu üben. Und so wird auch der Zahlenraum wirklich spielerisch erfasst, wenn die Kinder untereinander Gummibärchen aufteilen müssen. Und wer gesagt bekommt: »Du darfst alleine bis 18 Uhr rausgehen«, wird deutlich motivierter die Uhr lernen, als das Kind, das die Uhrzeit mit den Eltern für die Schule üben muss.

In Kindergarten und Schule wird schon genug von den Erwachsenen ins Kinderspiel eingegriffen. Darum lassen wir unsere Kleinen und Großen beim Höhlebauen, Legowelten-Erschaffen und »Kochen« einfach mal alleine. Was Sie dann mit Ihrer vielen »Freizeit« anfangen, ist Ihnen überlassen.

NUR FÜR ELTERN

HABEN SIE ANGST, IHR KIND ALLEINE DRAUSSEN SPIELEN ZU LASSEN?

Versuchen Sie, diese Angst zu überwinden und sehen Sie Ihre direkte Umgebung mal positiv: Hier gibt es immer Momente und Orte, die friedlich, positiv und ermutigend sind. Ob es nun die Nachbarin ist, die dem Kind hilft, das vom Rad gefallen ist, oder der Rentner, der die raufenden Jungs zur Ordnung ruft, oder der Spielplatz, auf dem die anwesenden Mütter auf alle Kinder aufpassen, nicht nur auf die eigenen – Ihr Kind ist in der Regel nie ganz allein. Auch wenn unsere Gesellschaft als kinderfeindlich gilt, gibt es noch genug Menschen, denen das Wohl aller Kinder am Herzen liegt. Daran sollten Sie glauben, denn eine negative Weltsicht führt zu ängstlichen Kindern.

POSITIV DENKEN!

FORSCHEN macht HUNGRIG

DRAUSSEN HERUMSTROMERN, AUF ENTDECKUNGSTOUR GEHEN UND FORSCHEN MACHT GROSSEN APPETIT. DAMIT DAS SPANNENDE SPIEL DANN NICHT UNTERBROCHEN WERDEN MUSS, GEBEN SIE DEN KINDERN EINFACH EIN ENTDECKERPICKNICK MIT. UND VERGESSEN SIE DIE WASSERFLASCHEN NICHT!

Entdeckerpicknick für kleine Naturforscher

Sich draußen ein gemütliches Plätzchen für ein Picknick zu suchen, macht allen Kindern Spaß. Und wenn Mama dann noch was besonders Leckeres eingepackt hat, wird bestimmt alles aufgegessen.

für 3 Entdecker
20 Minuten

3 Scheiben Toastbrot
Frischkäse
gekochter Schinken
einige Paprika- oder Gurkenstreifen
3 Brotdosen mit Deckel
9 Muffinförmchen aus Silikon
1 Handvoll kleine Salz- oder Joghurtbrezeln
1 Handvoll Käsewürfel, z.B. Gouda
1 Handvoll Blaubeeren
9 Haferflockenkekse

Für die Toastwraps die ungetoasteten Brotscheiben mit einem Nudelholz flach walzen. Mit Frischkäse bestreichen, mit Schinken belegen und mit Gemüsestreifen dekorieren. Aufrollen, zusammendrücken und kurz im Kühlschrank fest werden lassen. Dann die Rollen in dünne Scheiben schneiden, sodass kleine Schnecken entstehen. Jede Box mit je 3 Silikonförmchen bestücken. Eine mit Salzbrezeln und Käsewürfeln, die nächste mit den Blaubeeren und die dritte mit je 3 Keksen füllen. Die Wrapröllchen dazupacken und die Dosen gut verschließen.

TIPP: Wenn Sie Sorge haben, dass die Röllchen verderben, einfach die Trinkflaschen mit dem Wasser ein paar Stunden ins Eisfach legen. Diese Rieseneiswürfel halten das Entdeckerpicknick schön kühl, bis es gegessen wird. Und was gibt es an heißen Sommertagen besseres, als einen Schluck kaltes Wasser?

Toast-
Käsewürfel
Hafer-
kekse
Heidelbeeren

Mein VIERTEL, mein Dorf

DAMIT SICH IHR KIND IN IHRER WOHNUMGEBUNG IMMER BESSER AUSKENNT, BASTELN SIE GEMEINSAM EINEN PLAN UND LAUFEN DIE WEGE ZUSAMMEN AB.

Heutzutage kennen sich viele Kinder leider nur noch wenig in ihrer direkten Wohnumgebung aus, weil sie meistens zur Schule oder zu Freizeitaktivitäten gefahren werden. Besonders stark ist das bei Kindern in der Stadt ausgeprägt, die deutlich seltener als Kinder auf dem Dorf zu Fuß unterwegs sind. Das kann an den größeren Entfernungen, aber auch an dem stetig wachsenden Verkehr liegen. Aber auch auf dem Land kann, je nach Schulsituation, der Weg zur Grund- oder weiterführenden Schule nicht mehr alleine zu Fuß oder mit dem Fahrrad zurückgelegt werden, weil die Entfernungen zu groß scheinen oder weil zu viele Nachmittagsaktivitäten keine Zeit für einen Schulweg von einer halben Stunde lassen. Kinder wachsen in voneinander abgekoppelten Inseln auf, zwischen denen es keine für sie sinnvollen Verbindungswege gibt. Blöd, wenn man sie dann doch mal alleine rauslässt und sich der Nachwuchs prompt verläuft, weil er sich einfach nicht auskennt.

Damit so etwas nicht passiert, kann ein kleiner Orientierungslauf helfen, die Umgebung ganzheitlich zu erfassen. Wo wohne ich? Wie heißt die Straße zwei Häuserblöcke weiter? Wo ist der schnellste, wo ist der schönste Weg zu meiner Schule, meinem Kindergarten? Wo ist es besonders laut? Und wo besonders leise?

> Gemeinsam entdecken wir unsere Umgebung – und dann dürfen sich die Kinder allein auf den Weg machen.

Wo sind die schönsten Spielecken? Wo ist es am gefährlichsten? Wo muss ich am meisten auf mich Acht geben? Wo wohnen meine Freunde? Wo ist der Sportverein? Wo hält der Bus zur Musikschule? All diese Antworten sollten Sie gemeinsam mit Ihrem Kind erlaufen. Manchmal reicht ein Orientierungslauf nicht aus. Manche Wege müssen Sie vielleicht mehrmals ablaufen, damit Ihr Kind sie behält. Dabei kann auch eine selbst gebastelte Landkarte helfen.

Umgebungskarte selbst basteln

Kopieren Sie Ihr Stadtviertel vom Stadtplan/Ortsplan etwas größer ab. Die Kartenvorlage sollte sehr präzise sein und ungefähr den Maßstab 1:10.000 haben. Wer Glück hat, findet sein Viertel auf der Seite www.omaps.de. Orientierungslauf ist nämlich auch eine Sportdisziplin, und die Seite sammelt Karten von früheren Wettkämpfen.

Pausen Sie dann mit Ihrem Kind die Umgebung Ihrer Wohnung auf Pergamentpapier durch, mit allen Straßen und Wegen, aber ohne deren Namen. Zeichnen Sie das eigene Haus ein. Ihr Kind darf es bunt anmalen, damit es immer leicht zu finden ist.

Dann gehen Sie mit Ihrem Kind, mit bunten Stiften und dem Plan in der Hand, von zu Hause aus los. Als Erstes bietet es sich an, den

Weg zum Kindergarten und – falls noch nicht geschehen – zur Schule abzulaufen, jeweils die Straßen- und Wegenamen einzutragen und besonders markante Punkte wie Plätze, große Bäume, die Kirche und Läden, die auf dem Weg liegen, einzuzeichnen. Der Schulweg wird dabei extra markiert.

DAS MACHEN WIR AUCH

Nach und nach wird der Plan mit Leben gefüllt. Wo wohnt mein bester Freund? Wie heißen die Wege zum Wald? Im Zuge dessen können Sie auch schwierige Verkehrssituationen einüben: Wie verhalte ich mich im Straßenverkehr? Wie und wo komme ich am sichersten über die große Durchgangsstraße? Wo ist der beste Fußgängerüberweg? Sind Sie unsicher, wenn Ihr Kind alleine draußen unterwegs ist, kann das Einüben solcher Regel für Sie beide ein größeres Sicherheitsgefühl bedeuten. Im Zuge dessen gilt es auch, Ecken einzuzeichnen, die gemieden werden sollten, zum Beispiel Industrieanlagen, Kanäle, Eisenbahntrassen. Das Herausbilden von Gefahrenbewusstsein sollte natürlich nicht unter den Tisch fallen, aber bitte vermeiden Sie es, die eigentlich schöne Aktivität mit allzu düsteren Visionen von Unfällen oder Entführungen sofort ins Gegenteil zu ziehen. Ihr Kind wird sich sonst vermutlich nicht mehr allein aus dem Haus trauen.

Fragen Sie Ihr Kind: Wo wohnst du? Wie ist deine Adresse? Erschreckend ist, wie wenige Kinder ihre eigene Adresse, geschweige denn ihre Telefonnummer nennen können. Doch auch das ist wichtig. Üben Sie das unbedingt, genauso wie das richtige Verhalten, wenn sich Ihr Kind verlaufen hat oder mit dem Fahrrad hingefallen ist: Wen kann es ansprechen? An wen kann es sich vertrauensvoll wenden? Welche Dinge sind tabu?

Ist der Plan des Stadtviertels dann nach mehreren Rundgängen fertig, kann Ihr Kind ihn noch bunt anmalen und mit Zeichnungen, zum Beispiel von Pflanzen, verschönern. Der Fantasie sind hier keine Grenzen gesetzt. Und dann bekommt er einen Ehrenplatz im Kinderzimmer. Bevor Sie den Plan aufhängen, können Sie ihn noch kleiner kopieren, sodass Ihr Kind einen Ortsplan für die Jackentasche hat.

Orientierungslauf beim Kindergeburtstag

Ein Orientierungslauf ist übrigens auch ein schönes Spiel für den Kindergeburtstag, an dessen Ende ein Lagerfeuer und Stockbrot warten.

GUTE IDEE!

Dazu erstellen Sie für jedes Kind einen Plan der Umgebung wie oben beschrieben, aber mit Namen der Straßen und Wege. Irgendwo auf dem Plan ist dann der Platz für das Lagerfeuer eingezeichnet. Ist kein Grillplatz in der Nähe, können Sie auch den Bolzplatz oder den Abenteuerspielplatz als Ziel einzeichnen. Der Startpunkt ist Ihre Wohnung, auch die ist markiert. Dann machen Sie eine Wegbeschreibung mit Stationen, die abgeklappert werden müssen. Die Stationen können zum Beispiel heißen: »Ecke Winterweg/ Sternenstraße«. An jener Straßenecke ist dann der nächste Hinweis versteckt. Die Kinder müssen zuerst auf dem Stadtplan die Ecke Winterweg/Sternenstraße finden, dann überlegen, wo sie im Moment sind, und den direktesten Weg dorthin erst auf dem Plan, dann aber auch in der Realität finden. Karten lesen fällt in Zeiten von Navis und Smartphones sogar Erwachsenen schwer, kann aber einfach trainiert werden. Sie werden sehen, wie viel Spaß es macht, aber auch, wie anspruchsvoll es ist, sich mit einer normalen Straßenkarte zurechtzufinden.

3.

Herbarium

BASTELN IM FRÜHSOMMER

Fundstücke aus der NATUR

LASSEN SIE IHRE KINDER DOCH MAL ALLEINE DRAUSSEN RUMSTROMERN UND AUCH GANZ ALLEINE EIN HERBARIUM BASTELN. VIELLEICHT GRÜNDEN SIE DANN AUCH GLEICH EINEN NATURFORSCHERKLUB UND BASTELN MIT EIN PAAR GEPRESSTEN PFLANZEN DIE PASSENDEN NATURFORSCHER-AUSWEISE DAZU.

Herbarium einfach selbst gemacht

Überall wachsen bunte Blumen, zarte Gräser, schöne Blätter. Gepresst halten sie lange und können immer wieder angeschaut werden.

viele Blumen und Blätter
1 Blumenpresse
1 Schnellhefter aus Pappe
mehrere Bögen Papier
1 Pflanzenbuch für Kinder, z.B. aus der Bücherei

➤ Bei Ausflügen Blätter, Blumen und Kräuter sammeln. Vorsicht: Manche sind giftig und brennen, also auf keinen Fall in den Mund nehmen. ➤ Zu Hause die Pflanzen vorsichtig in die Blumenpresse legen und 2–3 Wochen warten, bis die Blätter vollständig getrocknet und gepresst sind. ➤ Den Schnellhefter beschriften und bemalen. ➤ Die gepressten Pflanzen auf bunte Papierbögen kleben. In einem Pflanzenbuch nachschlagen, um welche Arten es sich handelt. Die Namen zu den jeweiligen Pflanzen schreiben.

VARIANTE: Das Herbarium ist eher für Schulkinder geeignet, aber auch Kindergartenkinder können schon eine Fundstückeausstellung zusammenstellen. Dazu Steine, Stöcke, Blätter und Schneckenhäuser sammeln und in einer alten Mandarinenkisten oder einem Setzkasten als Naturmuseum ausstellen.

MESSIDOR

[mesidɔʁ]
ERNTEMONAT

Wir blicken in den Sternenhimmel, finden eine neue Perspektive auf unser Leben und lernen, Probleme zu lösen. Mit den Kindern bauen wir ein einfaches Zelt und erfrischen uns bei einer sommerlichen Bowle.

19. JUNI BIS 18. JULI

Eine FRAGE des Blickwinkels

MANCHMAL SEHEN WIR ALLES NEGATIV UND HABEN SCHLECHTE LAUNE. WENN WIR ABER DARÜBER NACHDENKEN, IST TROTZ ALLEM AUCH VIEL GUTES DABEI.

Nach einem furchtbar langen Tag stehe ich in der Küche und habe das Gefühl, dass mir alles über den Kopf wächst, so wie der Geschirrberg in der Spüle wächst, weil ich seit dem Aufstehen um 5.50 Uhr nicht dazu gekommen bin, die Spülmaschine aus- und wieder einzuräumen. Die Wäsche liegt auch schon seit vier Stunden in der Maschine und wartet darauf, aufgehängt zu werden. Aber dann müsste auf dem Trockenboden erst mal die andere Wäsche abgehängt werden. Und die steht dann wieder tagelang im Korb rum und will zusammengelegt werden – und meistens warte ich damit zu lange und muss doch wieder alles bügeln. Meine Gedanken kreisen aber um viel handfestere Sorgen als um das bisschen Haushalt. Wie werden wir es schaffen, das verträumte Kind ohne größeren Schaden für alle Beteiligten durch die Grundschule zu lotsen? Hat das andere Kind heute Nachmittag gespuckt, weil es einen Magen-Darm-Infekt, keine Lust oder etwas Schlimmeres hat? Warum hat mich die Nachbarin heute Mittag nicht zurückgegrüßt – sind die Kinder zu laut? Und überhaupt: Umweltverschmutzung, Bienensterben, steigende Ausländerfeindlichkeit, internationaler Terrorismus, Populisten in den höchsten Ämtern, Geld wird immer weniger wert, Essen wird weggeworfen. Wird die Autobahn vor unserer Tür weiter ausgebaut? Wieso steigt die Zahl der Einbrüche? Antibiotika helfen immer seltener gegen Superbakterien. Unsere Kinder werden einer unbeschwerten Kindheit beraubt. Wer zahlt eigentlich später mal meine Rente? Sollte ich mir doch lieber wieder eine feste Stelle suchen, als mich selbständig mit einem Hungerlohn abzuplagen? Wieso kann mein Sohn keine Lernwörter? Wieso spricht meine Tochter kein »sch«? Und warum wird mein Hintern trotz Sport und gesunder Ernährung immer breiter? Irgendwie geht doch alles den Bach runter. Ich pfeffere die Tür des Geschirrspülers zu und hieve die Wäsche in den bereitstehenden Korb. »Ist doch alles Mist hier«, denke ich und habe unfassbar schlechte Laune.

Nicht nur auf das Negative sehen

Ich will schnell noch die Balkontür zumachen, da sehe ich erst, dass es wunderbar klar draußen ist und außerdem einer der seltenen Abende, an denen es warm genug ist, um auf den Balkon zu sitzen. Und ich fasse spontan einen Entschluss: schnell die Wäsche aufhängen, ein Glas Weißwein eingießen

Blicke oft zu den Sternen empor – als wandeltest du mit ihnen. Solche Gedanken reinigen die Seele von dem Schmutz des Erdenlebens.

Marc Aurel

und noch eine Viertelstunde auf dem Balkon in die Sterne gucken. Gesagt, getan. Ein paar Sterne funkeln mich an, der Mond ist nur eine schmale Sichel am Horizont. Ich sitze in völliger Dunkelheit auf dem Balkon. Wie schön ruhig es ist. Wie weit weg die Sterne sind. Und wie viele es gibt! Wie unendlich das Universum ist, wie riesig groß und bunt und vielfältig. Mir fällt wieder ein, dass es 70 Sextillionen Sterne in diesem Universum geben soll, mehr Sterne als Sandkörner auf der Erde. Und jeder Stern ist eine kleine Sonne, um die sich vielleicht ein Sonnensystem mit Planeten dreht. Plötzlich erscheinen mir meine eben noch so großen Probleme doch eher klein. Ich sollte eigentlich froh sein, dass meine Kinder kostenlose Schulbildung genießen können. Hat meine Tochter wirklich ein Magen-Darm-Virus, haben wir gute Medikamente zur Verfügung, damit sie nicht, wie so viele andere Kinder auf der Welt, daran sterben muss. Und überhaupt sind wir alle ziemlich gesund, haben eine schöne, große Wohnung und besitzen sogar eine Spül- und eine Waschmaschine. Immer habe ich sauberes Wasser zur Verfügung. Angesichts des Alters der Sterne kommt mir mein eigenes Leben plötzlich nicht mehr so wichtig vor, sondern eher wie ein kleines Aufflackern im Moment. Auf die großen Zusammenhänge haben wir sowieso keinen Einfluss. Statt mich nervös zu machen, beruhigt mich diese Erkenntnis ungemein. Dann sehe ich plötzlich eine kleine Sternschnuppe. Ich darf mir was wünschen! Und ich wünsche mir vor allem das: Gelassenheit. Gelassenheit angesichts der Problemchen, die mein Leben vermeintlich schwer machen.

JA, GENAU!

NICHT ALLES SO ENG SEHEN

Und Dankbarkeit. Dankbarkeit für das, was ich habe.

Manchmal sind wir von Sorgen geradezu überwältig und haben das Gefühl, es gebe keinen ruhigen Moment, gar nichts Schönes mehr in unserem Leben. Schließlich wird in der Regel alles, sei es nun in Zeitungen, bei Lehrergesprächen oder in der Bank, problemorientiert besprochen: Wir reden in erster Linie über das, was nicht gut ist, was nicht stimmt, was nicht der Norm entspricht, was nicht funktioniert. Es wird einem ständig nahegelegt, noch dieses und jenes zu optimieren, da und dort noch etwas zu verbessern, die Wohnung schöner zu gestalten und uns auch. Alles, was nicht so läuft, wie wir und andere es von uns erwarten, wird als persönliche Niederlage empfunden und nagt konstant am Selbstbewusstsein sowie an der Laune. Wenn wir uns immer wieder derart negativer problemorientierter Anwürfe ausgesetzt sehen, können wir schnell den Eindruck gewinnen, wir seien im Leben gescheitert. Wir ärgern uns immer mehr auch über Kleinigkeiten, das umgeschüttete Glas wird zur Katastrophe, die verhauene Mathearbeit ist das abschließende Urteil über den Rest des Lebens und die kleine Speckrolle über unserem Hosenbund ist ein Zeichen unserer Trägheit, Disziplinlosigkeit oder Gier. Wenn wir mal so weit sind, dass wir derart auf Kante genäht sind, tut es gut, einen Schritt zurückzutreten und unsere Probleme neu einzusortieren. Schließlich ist niemandem geholfen, wenn Mama und Papa ständig schlechte Laune haben und rumraunzen. Und außerdem: Wie können wir von unseren Kinder verlangen, sich zu bemühen und eine hohe Frustrationstoleranz zu haben, wenn wir wegen einer dreckigen Socke im Bad sofort ausflippen? Denn: im Großen und Ganzen geht es uns doch gut, oder?

Ein Blick in den Sternenhimmel, eine kleine Horizonterweiterung zur globalen Perspektive zeigt uns, in welchem Luxus wir leben und dass viele unserer Probleme eigentlich gar nicht so schrecklich sind. Das macht sie natürlich nicht weniger real. Immer noch ist es traurig, dass die Mathearbeit verkorkst ist. Aber vielleicht reagieren wir etwas souveräner, wenn wir sie als das sehen, was sie ist: eine verhauene Arbeit, die zeigt, woran das Kind noch arbeiten muss, eine Arbeit von vielen, die noch geschrieben werden. Sie zeigt, dass sich jemand um die Ausbildung des Nachwuchses gekümmert hat und dass das Kind vielleicht keine Leuchte in Mathe ist, aber fleißig geübt hat. Sie können statt der roten Striche und Fehler auch einfach mal die Aufgaben zählen, die Ihr Kind richtig gerechnet hat. Vielleicht sind das sogar mehr als die Fehler. Das dürfen Sie Ihrem Kind gegenüber dann auch ruhig hervorheben, schließlich ist die Arbeit nur eine kurze Momentaufnahme. Die Speckrolle am Bauch ist auch nicht unbedingt ein Zeichen von Trägheit (natürlich könnte man sich immer mehr bewegen), sondern vor allem ein Zeichen dafür, dass frau Kinder auf die Welt gebracht hat, die kleinen Nachkommen neun Monate lang mit dem eigenen Körper getragen, geschützt und genährt habe. Warum also diese Speckrolle nicht mit ein bisschen Stolz vor sich hertragen? Sport kann frau natürlich trotzdem versuchen zu machen. Aber wir sollten uns deswegen nicht aufreiben.

STIMMT!

Kreative Lösungen finden

Wenn wir nun einen Schritt zurücktreten, um die Probleme neu einzuordnen, passiert auch noch Folgendes: Unter Umständen fallen uns alternative Lösungen auf, die wir vorher, weil wie vernagelt, nicht gesehen haben. Ich bin da ein Paradebeispiel. Wenn nämlich etwas schiefläuft, starre ich – genau wie das Kaninchen auf die Schlange – auf das Problem und kann weder rechts noch links an der Sache vorbeidenken. Mein Mann lacht mich da schon immer aus, denn er ist der Kreativere: »Du kannst wegen des Baulärms nicht arbeiten? Kinder einpacken und in den Park gehen. Gearbeitet wird dann eben abends, wenn die Bauarbeiter ruhen.« Wir sind bei der Wanderung nass geworden und haben die Ersatzsocken für die Kinder vergessen? Aus einem alten Spucktuch werden ratzfatz ein paar Fußwickel gemacht. Es gibt also kaum Probleme, die sich nicht mit einer Änderung der Perspektive schnell und fast wie von selbst lösen lassen.

Das heißt, dass wir fast alles, was wir negativ sehen, auch auf eine Art positiv sehen können. Das klingt jetzt erstmal verrückt und funktioniert scheinbar nur mit kleinen Alltagsdingen, die man beliebig umdeuten kann. Tatsächlich können uns auch Krisen mutiger machen. Als meine Tochter fünf Monate lang im Krankenhaus lag und es gelegentlich aussah, als ob wir sie nie mit nach Hause nehmen könnten, war ich natürlich fix und fertig mit der Welt. In der Rückschau aber sehe ich auch, dass mich diese Erfahrung dankbarer gemacht hat, dass ich die Gesundheit meiner Kinder nicht mehr als eine Selbstverständlichkeit ansehe, dass Erkrankungen kein persönlicher Affront des Schicksals sind, sondern einfach zum Leben dazugehören. Es gibt ein paar Tatsachen, mit denen wir uns auseinandersetzen müssen, die uns vielleicht Probleme bereiten, weil wir ihnen zu viel Raum geben. Wenn wir sie – wie das Wetter – als unabänderlich ansehen, haben wir wieder mehr Platz im Kopf, um die wirklichen Probleme zu lösen.

LOVE IT, CHANGE IT OR LEAVE IT – LERNE, ES ZU LIEBEN, ÄNDERE ES ODER LASS ES SEIN.

Denn wenn ein Problem derart unannehmbar ist, dass wir keine positive Seite daran sehen können, sollten wir alles daransetzen, es zu ändern. Wenn die Speckrolle derart stört, dass sie mir das Leben vermiest, und ich sie nicht

Wer es versteht, dem Leben neue, positive Seiten abzugewinnen, dem gelingt es auch, Schatten zu vertreiben.

positiv sehen kann, dann sollte ich meine Energie nicht zum Meckern und Jammern, sondern eher für Sit-ups verwenden. Wir können versuchen, Unperfektes zu akzeptieren. Wenn uns das nicht gelingt, weil wir derart strenge Maßstäbe an unser Leben anlegen und von ihnen auch nicht abweichen wollen, dann sollten wir auch unseren inneren Schweinehund überwinden und etwas tun. Denn eines wird einem beim Betrachten der Sterne und der großen, dunklen Weite des Universums ebenfalls klar: Unser Leben und das unserer Lieben ist im Gegensatz zum Universum ziemlich endlich.

Und weil niemand weiß, wann unser letztes Stündlein schlägt, sollten wir uns im täglichen Leben auf das Wesentliche konzentrieren: sehen, was wir haben, und nicht, was wir nicht haben; dankbar sein für das, was wir können, und nicht jammern über das, was wir nicht können; die schönen Seiten unseres Lebens erkennen und feiern und nicht die unschönen Seiten in den Fokus stellen. Und wenn wir wirklich besser werden wollen, nicht lange darüber philosophieren, twittern oder reden, sondern einfach etwas dafür tun.

Wenn wir nämlich in jammernder Schockstarre verharren, tun wir auch unseren Kindern keinen Gefallen. Ärgern Sie sich manchmal, dass die lieben Kleinen immer nur meckern und maulen? Nun, häufig spiegeln Kinder in ihrem Verhalten das Verhalten der Eltern. Auch wenn Sie das nicht gerne hören – es kann sein, dass Sie eine negative Weltsicht auf Ihre Kinder übertragen. Diese werden dann jedes Haar in jeder Suppe finden und unzufriedene Mitglieder der Familie sein. Sind die Eltern hingegen sehr positive und lebensbejahende Menschen, werden auch die Kinder leichtfüßiger durchs Leben gehen. Da ich selbst bei mir und meinen Kindern diese Tendenzen beobachtet habe, versuche ich, in Gegenwart meiner Familie negative Gedanken für mich zu behalten. Natürlich bedeutet das nicht, dass man zu einem ewig grinsenden Hippie werden muss – völlig unrealistisch, denn manchmal platzt einem nun mal der Kragen, manche Dinge sind einfach nur blöd oder stellen tatsächlich ein Problem dar. Aber ein optimistischer Grundtenor ist mit Sicherheit besser für die Entwicklung der Kinder und macht es einem selbst auch leichter, konstruktiv an wirklichen Problemen zu arbeiten. Anpackendes, lebensbejahendes Verhalten kann man natürlich nicht von heute auf morgen lernen. Aber vielleicht halten Sie kurz inne, wenn Sie anfangen wollen sich zu beklagen, und denken nochmal nach, ob es wirklich einen Grund dafür gibt.

PROBLEME gemeinsam lösen

PROBLEM ERKANNT – PROBLEM GEBANNT: WENN SIE IN DER FAMILIE PROBLEME OFFENSIV BESPRECHEN, LASSEN SIE SICH OFT SCHNELL BESEITIGEN.

Wenn wir Eltern ständig problemorientiert denken und den großen sowie kleinen Unannehmlichkeiten im Alltag sehr viel Raum geben, übertragen wir dieses Verhalten auch auf unsere Kinder. Für sie ist es noch schwerer zu begreifen, warum Mama immer nur die schlechte Note in Mathe sieht, aber nie den schönen Aufsatz in Deutsch. Unser permanentes Jammern über den Zustand der Welt, die nicht ausgeräumte Spülmaschine oder das unordentliche Zimmer macht also nicht nur unseren Alltag grau und traurig, sondern überträgt sich auch auf unsere Kinder. Vielleicht haben Sie sich mal gewundert, warum ihr Kind mit nichts so richtig zufrieden ist, ständig etwas zu meckern hat, entweder am Essen oder am Freizeitprogramm? Je nachdem, wie viel Sie sich bei Tisch über die Schule, das Wetter und die Politik aufregen, hat es vielleicht diese Verhaltensweise von Ihnen übernommen. Ich kann mir hier auch ganz gut an die eigene Nase fassen, schließlich sehe auch ich bei jedem Vorschlag und jeder Aktivität erstmal alle potentiellen Probleme. Ich bin der klassische Bedenkenträger und arbeite seit Jahren stark daran, das zu ändern – mit mehr oder weniger gutem Erfolg. Auch in der Schule wird den Kindern leider der problemorientierte Ansatz beigebracht, sodass sie zum Beispiel in einer Arbeit immer nur jene Aufgaben sehen, die falsch sind, aber nicht, wie viel sie richtig gemacht haben. Gerade deswegen machen sich Kinder oft unnötige Sorgen und halten ihre Leistungen für schlechter, als sie sind, weil das, was sie können, als selbstverständlich angesehen wird und in den Hintergrund tritt. Mit ein bisschen Einfühlungsvermögen können wir solche Sorgen und Nöte besprechen und beseitigen.

Also lohnt es sich, auch die Kinder zum Sternebetrachten mitzunehmen, ihnen diese wunderbare, seltsame Welt außerhalb der unseren zu zeigen und ihnen zu erklären, wo und wer wir sind und welche Dimension unsere Probleme bekommen, wenn wir sie mal vor diesem Hintergrund betrachten. Dieser Blick über den Tellerrand tut der ganzen Familie gut. Dann traut sich auch die schüchterne Tochter, statt Ballett Fußball gut zu finden, steht der Sohn zu seinem Forscherdrang und findet es nicht mehr problematisch, dass er mit den anderen Jungen aus der Klasse nichts anfangen kann. Denn anstatt einzuschüchtern, kann uns die eigene Winzigkeit im Vergleich zum Universum neuen Mut geben, die Welt um uns herum wirklich zu entdecken.

Probleme stellen Hindernisse dar, die überwunden oder umgangen werden müssen, um von einer unbefriedigenden Ausgangssituation in eine befriedigendere Zielsituation zu gelangen.

GAR NICHT SO EINFACH!

Problembeseitigung in der Familie

Reden Sie mit Ihrer Familie über (vermeintliche) Probleme. Wenn Sie ausgesprochen werden, sind sie schon oft nur noch halb so groß. Und vielleicht lassen sie sich auch ganz leicht lösen.

FRAGE STELLEN: WAS IST EIGENTLICH EIN PROBLEM? Fragen Sie sich, ob das Hindernis unbedingt überwunden werden muss oder ob es eigentlich gar kein Hindernis ist, weil es rechts und links sehr gangbare Wege daran vorbei gibt. Das bietet sich vor allem für vermeintlich unlösbare Probleme an.

ZUSAMMEN BESPRECHEN: PROBLEME PROAKTIV LÖSEN Wenn eine Situation für ein Familienmitglied wirklich belastend ist, macht eine Familienkonferenz Sinn. Gemeinsam einen Schritt zurückzutreten und von unterschiedlichen Standpunkten das Problem zu betrachten, hilft vielleicht, erste Wege an dem Problem vorbei zu finden oder zu erkennen, dass gar kein wirkliches Problem vorliegt – Probleme des Alltags sind nämlich ganz oft subjektiv empfundene Störungen, die aber nicht wirklich Problempotential haben. So sind für den einen permanent in der Wohnung verstreut liegende Socken ein Problem, während der andere damit ganz und gar kein Problem hat (meistens der Sockenverstreuer). Gemeinsam sollten Sie dann einen Weg finden, auf dem sich alle Beteiligten wohl fühlen.

LÖSUNGSANSÄTZE AUFSCHREIBEN: WAS KÖNNEN WIR TUN? Der Vorteil in einer Familie: Man ist viele. Und das ergibt auch viele unterschiedliche Strategien, die erst einmal alle nebeneinander existieren können, wenn Sie so tolerant sind und Wege abseits der eignen Vorstellungen akzeptieren. Dann ist allerdings Entscheidungsfreude gefragt: Am Ende sollten Sie sich auf eine Lösungsstrategie geeinigt haben. Dabei hilft es, sich bewusst zu machen, dass man auch mal eine falsche Entscheidung trifft. Wichtig ist aber: Der Lösungsweg sollte nicht mehr Energie erfordern, als es das Problem wert ist – die gute alte Kosten-Nutzen-Rechnung ergibt also einen Sinn.

KAPITULIEREN: WIR BRAUCHEN HILFE VON AUSSEN. Natürlich ist nicht immer alles nur eine Frage der Perspektive: Es gibt auch Probleme und Sorgen, die so massiv sind, dass sie sich nicht schönreden, ignorieren oder neu einsortieren lassen, sondern einer klugen und ganzheitlichen Lösung bedürfen. Und gelegentlich ist man – da selbst betroffen – nicht mehr in der Lage, den Schritt zurück zu tun und das als Familie alleine anzugehen. Hier ist der Weg zu professioneller Hilfe angesagt, sei es bei massiven Schulproblemen, Mobbing, Burn-out oder anderem. Wenn ein Problem den größten Teil der Gedankenwelt und des täglichen Lebens überschattet, so ist das ein sicheres Zeichen, dass es sich hier um etwas handelt, das Sie alleine nicht mehr bewältigen können. Hilfe von außen zu holen, ist keine Schande, sondern ein Zeichen, dass Sie Krisen und Konflikte erkannt haben und sich um eine Besserung bemühen. Auch wenn der erste Schritt schwerfällt – wer geht schon gerne zu einer Erziehungsberatung oder in die Paartherapie? –, ist es manchmal besser, Lösungen außerhalb der Familienkonferenz oder im Einklang mit dritten zu suchen. Nur Mut!

NUR FÜR ELTERN

IST DAS GLAS HALB VOLL ODER HALB LEER?

Wie gut es uns geht, hängt auch von unserer Einstellung ab, von der Sicht auf die Dinge, die wir entwickeln. Wenn Sie zu jenen Eltern gehören, die immer über Lehrer, Schule, Bildungspolitik und das ungerechte System jammern, überlegen Sie mal, was die Alternative wäre: teure Privatschulen für Besserverdiener, möglicherweise auch keine besseren Lehrer, ein nicht verlässlicher Lehrplan und für alle anderen Kinder unteres Mittelmaß. Sehen Sie die positiven Seiten: die Schulleiterin, die trotz Lehrermangel bemüht ist, durchgängig Unterricht zu bieten, die Elterninitiative, die mit großem Einsatz versucht, Betreuungslücken am Nachmittag aufzufangen usw. Sagen Sie einfach mal Danke. Dann wird es auch in Zukunft noch engagierte Lehrer und Betreuer geben.

ERFRISCHEND - FRUCHTIG - BUNT

WAS GIBT ES SCHÖNERES, ALS DIE STERNENREICHEN SOMMERNÄCHTE MIT EINER LECKEREN BOWLE ZU VERSÜSSEN? FÜR KINDER GIBT ES DIE ERFRISCHENDE BOWLE MIT GINGER ALE, FÜR ERWACHSENE VERSCHÄRFEN WIR SIE MIT PIMMS NO. 1 UND FRISCHEN MINZEBLÄTTERN.

Fruchtige Bowle für laue Sommernächte

Sommerfest ohne Bowle? Undenkbar! Zum Servieren stellen wir sie in einer Glasschale auf ein Eisbett. Das kühlt und sieht außerdem noch schick aus.

- 1 l Ginger Ale
- ½ l Sprudelwasser
- 1 Handvoll Salatgurkenschalen (Bio)
- 1 Handvoll Apfelschnitze
- 4 Zitronenscheiben (Bio)
- 1 Handvoll Erdbeerscheiben
- 1 Handvoll Eiswürfel

für 1½ l Bowle
20 Minuten + 1 Stunde Ziehzeit

Alle Zutaten in einer großen Glasschale vermischen und ca. 1 Stunde durchziehen lassen. Beim Einschenken darauf achten, dass jeder auch eine Scheibe Zitrone sowie Erdbeeren und Gurkenschalen bekommt.

VARIANTE: Für Erwachsene geben Sie statt des Sprudels 250 ml Pimms No. 1 dazu und dekorieren alles mit frischen Minzeblättern. Pimms ist ein Kräuterlikör auf Gin-Basis, der aus dem Vereinigten Königreich kommt und bei uns im gut sortierten Getränkehandel erhältlich ist. Mit Ginger Ale vermischt wird daraus ein fruchtiges Erfrischungsgetränk, das auch bei hohen Temperaturen bekömmlich ist.

MESSIDOR

STERNENwanderung

WEISST DU, WIE VIEL STERNLEIN STEHEN? KEINER KANN DAS SO GENAU SAGEN – ABER BEI EINER WANDERUNG KÖNNEN WIR VERSUCHEN, SIE ZU ZÄHLEN.

Wissenschaftler schätzen, dass es ungefähr 70 Sextillionen Sterne gibt. Als Großstadtbewohner kann man das kaum glauben, denn wenn man in den Himmel schaut, sieht man – fast nichts. Wer schon einmal in der Uckermark oder in den Alpen war, weiß, dass sich erst abseits von Ballungsräumen die wahre Sternenpracht zeigt. Eine Urlaubsreise in einsame, ländliche Regionen, aber auch ein kurzer Wochenendausflug mit Zelt und Campingbus in die nächste Einöde ist – gutes Wetter natürlich vorausgesetzt – ein toller Ausgangspunkt für eine nächtliche Sternenwanderung mit dem Nachwuchs. Natürlich wird es im Sommer erst recht spät dunkel, aber die Aussicht auf ein Abenteuer hält auch die schläfrigsten Kinder wach. Außerdem dürfen sie dann am nächsten Tag ausschlafen. Am besten ziehen Sie bereits im Dämmerlicht los, denn dann können Sie nicht nur die einzelnen Sterne nach und nach am Himmel auftauchen sehen. Sondern auch andere schöne Phänomene lassen sich beobachten, zum Beispiel Fledermäuse, die auf Beutezug gehen und zwischen hohen Bäumen oder auf Wiesen herumflattern, oder leuchtende Nachtwolken, feine Eiswolken in hohen Luftschichten, die von der längst untergegangenen Sonne aber noch erreicht werden und darum perlmuttfarben im dunklen Nachthimmel schimmern.

Eine Nachtwanderung ist für Kinder auch darum toll, weil unsere Sinne geschärft werden, die im Alltagsfluss vielleicht zu kurz kommen. Das Hörvermögen wird besonders beansprucht, denn wenn wir nicht sehr gut sehen, versucht der Körper, das durch Hören auszugleichen. Auch der Tastsinn wird angeregt, weil man sich an der einen oder anderen Stelle vielleicht festhalten will, um einen sicheren Tritt zu erlangen. Also erfährt mit Hilfe der Sterne auch die Wanderung eine völlig neue Perspektive und begeistert vielleicht auch die Wandermuffel in der Familie. Wichtig für eine gelungene Sternenwanderung sind:

EINE SORGFÄLTIGE PLANUNG: Legen Sie vorher genau fest, wohin Sie gehen wollen. Erkunden Sie die Gegend am besten schon mal am Tag und achten Sie darauf, dass Sie sich in sicherem Terrain bewegen. Halten Sie also Abstand von Klettersteigen, Abhängen oder Uferböschungen. Wenn Sie nachts durch fremde Gegenden stolpern und nicht mehr wissen, wo es zurück in die Zivilisation geht, machen Sie die Wanderung zwar auch zu einem unvergesslichen Erlebnis, aber leider aus den falschen Gründen. Passen Sie die Wegstrecke an die schwächsten Familienmitglieder an – eine Strecke, die am Tag sehr kurz und wenig anspruchsvoll wirkt, kann in der Nacht schon etwas mehr Zeit in An-

> Tausende Sterne funkeln in der lauen Sommernacht. Und vielleicht entdecken wir sogar eine Sternschnuppe.

spruch nehmen, weil Sie im Dunklen nicht so zügig laufen. Da der Fokus hier auf dem gemeinsamen Erleben in der Nacht liegen soll und nicht auf der maximalen körperlichen Ertüchtigung, reicht ein kleiner Rundgang also völlig aus. Ziel der Wanderung ist ein Platz mit gutem Ausblick, auf dem Sie sich kurz ausruhen und von dem aus die Sterne intensiv beobachten können.

WETTER UND MONDPHASEN: Um Sterne zu sehen, brauchen Sie natürlich klaren Himmel und nicht zu vergessen – Neumond. Strahlt der Mond allzu hell, können Sie auf dem Land auch nicht mehr Sterne sehen als in der Stadt.

AUSRÜSTUNG: Egal wie heiß der Tag war – in der Nacht wird es, besonders außerhalb von Ballungsräumen, auch im Sommer kühl. Gerade sonnenverwöhnte Kinder fangen schnell an zu frieren. Also einen Fleece- oder Wollpulli anziehen bzw. einpacken. Eine Decke zum Drauflegen und Sternegucken ist natürlich ebenso nötig wie ein kleiner Wandersnack und ein leckeres, vielleicht sogar warmes Getränk. Besonders wichtig, wenn Sie sich auf kühlen Wiesen und in der Nähe von Wäldern bewegen, ist der Mückenschutz – schließlich wollen Sie nicht als Moskito-Buffet durch die Gegend wandern und hinterher mehr Mückenstiche als Sterne zählen.

GUTER TIPP!

STERNENKARTE, FERNGLAS, FOTOAPPARAT: Wenn Sie sich nicht nur einfach dem wunderbaren Anblick der Sterne hingeben wollen, sondern kleine Forscher dabei haben, die jeden Stern einzeln benennen wollen, brauchen Sie eine gute Sternenkarte. Da die Orientierung in der Nacht immer schwerfällt, gibt es hier ein ganz tolles Gimmick für das Smartphone oder Tablet: Die kostenlose Google Sky Map benutzt GPS und zeigt, wenn Sie das Gerät gegen den Himmel halten, die Sterne und ihre Namen an. Das ist perfekt für die erste Orientierung, auch weil Sie keine Taschenlampe anknipsen müssen, um Papierkarten zu studieren und das Gerät Ihnen die Ausrichtung des Himmels abnimmt. Mitnehmen sollten Sie die Taschenlampe aber natürlich trotzdem – sonst werden Hin-und Rückweg doch zu abenteuerlich.

UNBEDINGT MERKEN!

GEFÜHRTE WANDERUNGEN: Wenn Sie sich nicht trauen, alleine auf eine Sternenwanderung zu gehen, können Sie sich in den nach und nach entstehenden Sternenparks einer geführten Wanderung anschließen. Sternenparks sind offiziell als vor Lichtverschmutzung zu schützende Gebiete, so genannte Lichtschutzgebiete, ausgewiesen und fallen oft mit Naturschutzgebieten zusammen. So gibt es in Deutschland mittlerweile Sternenparks in der Eifel, in der Rhön, auf der Schwäbischen Alp sowie im Havelland. Die Parkverwaltungen bieten fast zu jeder Jahreszeit Sternenwanderungen an.

IM GARTEN KANN ES AUCH SCHÖN SEIN: Wenn Sie ländlich wohnen, keine Lust auf abendliche Spaziergänge haben oder Kinder, die einfach gerne pünktlich ins Bett gehen (soll es geben!), können Sie sich für eine erste Sternstunde auch mit Ihren Kindern in den Garten legen. Das macht ebenfalls Spaß und geht spontan, wenn das Wetter es gerade erlaubt. Neben Sternen können Sie ab Anfang August sogar Sternschnuppen zählen. Und wer dabei einschläft, wird von Mama oder Papa vorsichtig ins eigene Bett getragen.

Kinderzelt

BASTELN IM SOMMER

GUCK MAL, so viele Sterne ...

GRÖSSERE KINDER FINDEN DIE VORSTELLUNG TOLL, ALLEINE DRAUSSEN IM GARTEN ZU ZELTEN. ABER AUCH EIN SPIELZELT IST PRIMA, IN DAS SIE TAGSÜBER VOR DER SONNE FLIEHEN UND AUS DEM SIE ABENDS DEN KOPF RAUSSTRECKEN KÖNNEN, UM DIE STERNE ZU BETRACHTEN.

Einfaches Kinderzelt für Sternengucker

Das Zelt wird aus langen Haselnussruten gebaut, als Zeltplane können Sie alte Decken oder auch eine richtige Zeltplane verwenden. Bei Regen kann es schnell abgebaut und platzsparend aufbewahrt werden.

4 Stecken à 1,50 m
1 Stecken à 1 m
ca. 5 m lange, feste Schnur
4 angespitzte Pflöcke
1 dünne Decke oder Zeltplane
Decken und Kissen

➡ Die vier lagen Stecken unten ein wenig anspitzen, sodass sie in die Erde gesteckt werden können. Dann alle oben an der gleichen Stelle ca. 2 × 3 cm groß einkerben und jeweils 2 gegeneinanderbinden. Mit einer Schnur fixieren. Sie werden Vorder- und Hintereingang. ➡ Den längeren Stecken oben und unten ebenfalls einkerben. Er fungiert als Zelthimmel. ➡ Jeweils 2 miteinander verbundene Stecken ca. 1 m voneinander entfernt in den Erdboden stecken und die Querstange aufstecken. ➡ 4-mal ca. 1 m Schnur abschneiden und jeweils an den 4 angespritzten Pflöcken befestigen. Damit das Zelt an allen 4 Ecken abspannen, sodass es stabil steht. ➡ Die Decken oder die Plane locker darüberlegen. Das Zeltinnere mit einer Decke zum Drauflegen und ein paar Kissen gemütlich auspolstern.

VARIANTE: Eine richtige Zeltplane mit Ösen können Sie natürlich ebenfalls mit Schnüren und Heringen aufspannen. Meistens ist das aber gar nicht nötig.

THERMIDOR

[tɛʁmidɔʁ]
DER HITZEMONAT

In den Ferien sehen wir die Regeln nicht so eng und lassen auch mal fünfe gerade sein. Wir werden reifer und sammeln frische Sommerkräuter, die wir in ein leckeres Pesto und duftige Kräuterseifen verwandeln.

19. JULI BIS 17. AUGUST

Keine REGEL ohne Ausnahme

FAMILIENREGELN ERLEICHTERN DEN ALLTAG UNGEMEIN. ABER IN DEN FERIEN DÜRFEN SIE RUHIG AUSNAHMEN MACHEN – DAS TUT DER GANZEN FAMILIE GUT.

Ich wache von selbst auf, kein Wecker hat mich aus meinen Träumen gerissen. Durch einen schmalen Spalt im Fensterladen schimmert die Sonne und wirft den Schatten der großen Birke an ein Stück Wand über meinem Bett. Verschlafen betrachte ich, wie der Sommerwind die Blätter bewegt und der Schatten sich mit. Draußen sind Alltagsgeräusche zu hören: der Rentner nebenan, der Rasen mäht, die Autos auf der naheliegenden Bundesstraße, meine Mutter, die den Geschirrspüler ausräumt ... Ich genieße das Gefühl, richtig ausgeschlafen zu sein, und greife nach meinem Buch, einem dicken Schmöker, der leider auch bald wieder durchgelesen sein wird. Nachher werde ich einen Ausflug zur Bücherei vorschlagen, Lesefutternachschub holen. Bei dem Gedanken an Futter fängt allerdings mein Bauch an zu knurren. Ich nehme meinen Schmöker und tapse die Treppe runter. In der Küche gibt es frischen Tee, ich nehme mir ein Toastbrot mit Erdnussbutter und Marmelade dazu und setze mich in die Essecke, im Schlafanzug und mit ungekämmten Haaren, den dicken Schmöker vor der Nase. Als meine Mutter aus dem Garten reinkommt, habe ich bereits die vierte Scheibe Brot verschlungen und das Buch ausgelesen. Weil meine Schwester schon direkt nach dem Aufstehen zu ihrer Freundin gelaufen ist, um wieder den ganzen Tag im Garten Barbie zu spielen, können wir, nachdem ich mir schnell eine alte Shorts und ein T-Shirt übergeworfen und die Haare zu einem Pferdeschwanz gebunden habe, sofort los in die Stadt zur Bücherei und vielleicht noch in den Musikladen. Während wir unterwegs sind, merke ich erst, wie schön heiß dieser Tag wird, und beschließe, mich später mit meinen Freunden im Freibad zu treffen. Zum Mittagessen gibt es Pommes, die ich mit den Fingern essen darf, und ausnahmsweise Cola, dann packe ich schnell meine Badesachen und radle los. Die Grillen zirpen in den Wiesen, die Schönwetterwolken tummeln sich am strahlend blauen Himmel, das Bergpanorama flimmert in der Hitze und ich pfeife mir ein Liedchen: Sommerferien!

Regeln dürfen gelockert werden

Sommerferien waren für meine Eltern und uns Kinder etwas Wunderbares: kein frühes Aufstehen, kein Stress, dass wir rechtzeitig im Bett sind. Keine Hobby-Termine, keine Schulveranstaltungen, keine Hausaufgaben. Keine Schulbrote, die morgens geschmiert werden müssen, keine Kinder, die man in Eile aus dem Haus treiben muss – richtig strukturloses, sinnbefreites Rumgammeln. Das Wetter war meist ebenfalls ideal zum Zeit verbummeln – bei Sonnenschein natürlich am See, bei Regen vor dem Fernseher, beim Malen, Basteln oder einfach nur stundenlang Lesen. Nur: macht das heute noch jemand? Schließlich arbeiten heute fast immer

Ausschlafen, rumgammeln, stundenlang spielen, Eis essen, ins Freibad gehen – hurra, es sind Sommerferien!

beide Elternteile und können selten sechs Wochen Urlaub am Stück nehmen. Während man mit einem Kindergartenkind die Schließzeiten noch ganz gut überbrücken kann, kommt mit der Schule das »böse Erwachen«: 75 Ferientage, das sind alle Ferien plus bewegliche Ferientage, müssen von der Betreuung her abgedeckt sein. Daher werden viele Kinder für Ferienfreizeiten angemeldet, die fixe Startzeiten haben. Also müssen doch alle wieder pünktlich aufstehen, den Rucksack für die Ferienfreizeit packen und zum Bus sausen, der in wenigen Minuten abfahrt. Ist das noch Erholung?

Denn gerade Ferien wären eine schöne Zeit, um mal fünfe gerade sein zu lassen, die festen Strukturen zu lockern und ein bisschen Laisser-faire an den Tag zu legen. Besonders die langen Sommerferien, vor denen das Schuljahr endet, die Kinder ihre Schulbücher abgeben und über die sie (in der Regel) keine Hausaufgaben aufbekommen und auch nicht nach- oder vorlernen müssen, sind für Kinder wie auch für Eltern eine wichtige Phase der Regeneration und eine kleine Auszeit von festen Regeln und Strukturen.

Regeln haben viele Vorteile

Kaum ist das Baby auf der Welt, bekommt man recht bald gesagt, dass feste Strukturen den Familienalltag bestimmen sollten und ihn dadurch

STIMMT →

einfacher machen. Besonders, wenn das Baby nicht einschlafen kann oder schlecht isst, sind feste Einschlafzeiten sowie Rituale und feste Essenszeiten eine große Hilfe. Auch Kinder mit Auffälligkeiten wie ADHS oder Autismus profitieren von einem festen Tagesablauf. Tatsächlich erleichtern auch uns Erwachsenen, egal wie freigeistig und chaotisch wir eigentlich sind, feste Zeiten den Alltag ungemein. Wenn klar ist, dass es um 18 Uhr Abendessen gibt, ist das bei allen Familienmitgliedern irgendwann so drin, dass jeder weiß: Diskussionen sind fruchtlos. Wenn um 20 Uhr das Licht ausgemacht wird, gewöhnt sich das Kind (im Idealfall) ebenfalls daran, dass an diesem Punkt Schlafenszeit ist.

Wie unbeliebt Strukturlosigkeit und Laisser-faire bei den heutigen Erziehungsexperten und Kinderärzten sind, zeigt sich darin, dass bei fast jeder Auffälligkeit als Ursache erstmal die Regellosigkeit im Familienalltag genannt wird. Bitte verstehen Sie mich nun nicht falsch: Auch ich bin eine große Verfechterin von Strukturen und Regeln, einfach auch weil es meinem Naturell entspricht. So stehe ich seit Jahren jeden Morgen – ob Wochenende, Ferien oder Alltag – um spätestens 7 Uhr auf, koche mir eine Kanne Tee, lese die Zeitung, bereite das Frühstück zu, gehe duschen, räume die Spülmaschine aus und wecke die Familie. Feste Struktur ist quasi mein zweiter Vorname. Und ja! Ein fester Rahmen gibt Geborgenheit, macht den Alltag deutlich einfacher und führt zu weniger Konfliktpotential. Aber: Genauso wie ein aufgeräumtes Zimmer sich erst richtig gut anfühlt, wenn es vorher mal komplett verwüstet war, oder eine frisch geputzte Küche erst richtig beeindruckt, wenn sie vorher sehr schmutzig war, so sind feste Strukturen und Regeln nur dann erfahrbar, wenn man sie auch mal gelegentlich bricht.

Denn eines wollen wir mit all den Ritualen, Regeln und Strukturen sicher nicht erreichen: dass unsere Kinder (und wir) unbeweglich stur werden und nicht mehr von festgefahrenen Pfaden abweichen können. Etwas Beweglichkeit und Spontanität an den Tag legen zu können, ist nämlich auch nützlich: Sonst sehen wir – wie wir im vorherigen Monat bemerkt haben – den Wald vor lauter Bäumen nicht mehr oder wir doktern aufgrund der festen Regeln an einem Problem herum, das mit ein bisschen Spontanität schnell gelöst wäre.

In den Ferien darf vieles anders sein

Einen festen Tagesablauf während der Ferien mal komplett über den Haufen zu werfen, ist für viele ein Befreiungsschlag – so können die ersten Ferienwochen z.B. genüsslich verbummelt werden. Das kann auch dazu führen, dass sich Kinder gegen Ende der Ferien plötzlich nach den verlässlichen Strukturen zurücksehnen und sich auf die Schule oder den Kindergarten freuen. Vielleicht glauben Sie, sich verhört zu haben, wenn Sprüche kommen wie »Ich freue mich schon auf die Schule« oder »Endlich kann ich mittwochs wieder zum Geige üben« oder »Ich freue mich auf den Stuhlkreis«. Große Geschwister spielen mit den kleinen in freudiger Erwartung Schule und üben vielleicht sogar schon mal die Englischvokabeln.

Was aber können Sie tun, wenn Ihr Kind fast die ganze Zeit ins Ferienprogramm muss und Sie selbst zur Arbeit? Wo können Sie Freiräume schaffen für Entspannung, Langeweile und süßes Nichtstun? Nicht verzagen, denn auch hier ergeben sich noch genügend Momente für den »Regelbruch«. Unter Umständen fängt die Freizeit nicht so früh an wie die Schule oder Ihr Kind bekommt dort ein tolles Frühstück und muss darum zu Hause noch nichts essen – dann können Sie morgens ein bisschen langsamer machen. Wer sagt, dass Sie die Nachmittage und Abende nicht freier gestalten können? Immerhin gibt es keine Hausaufgaben. Ihr Kind möchte bis 21 Uhr bei seinem besten Freund bleiben? Kein Problem, schließlich wird am nächsten Tag keine Mathearbeit geschrieben und es stört niemanden, wenn der Nachwuchs im Ferienlager etwas verschlafen ist. Weil in den Ferien kein Musikunterricht und in der Regel kein Sporttraining stattfinden, geht es stattdessen ins Freibad oder ins Kino. Vielleicht fällt dann doch noch ein freier Tag für Mama und Papa ab, oder aber statt Ferienfreizeit dürfen die Kinder zur Oma. Da ist es dann vielleicht wieder wie vor 30 Jahren: lange schlafen, süßes Frühstück, spielen im Garten, Lieblingsessen zu Mittag, Mittagsruhe mit Ferienprogramm im Fernsehen, Nachmittags baden oder Radfahren, abends mit Opa »Winnetou« gucken – meine Kinder lieben es, in den Ferien bei Oma zu sein. Und weil wir nach der Arbeit keine Kinder ins Bett bringen müssen, ist es sogar für uns entspannter – einfach mal mit den Kollegen in den Biergarten gehen, auf dem Balkon sitzen oder sogar ein Freiluftkonzert besuchen. So haben auch arbeitende Eltern viel von der Sommerferienzeit.

Außerdem gibt es vielleicht auch einen Familienurlaub. Natürlich ist das noch mal was anderes, als im Kinderzimmer herrlich sinn- und zeitlos Lego zu bauen, aber ein wunderbar regelfreier Urlaub kann für alle den größten Erholungswert haben. Vielleicht geht es erst spät ins Bett, weil Sie alle noch gerne ein Eis am Hafen essen möchten – dann halten Sie halt am nächsten Tag am Strand noch eine Siesta. Vielleicht dürfen Ihre Kinder mit Mama und Papa noch auf der Terrasse sitzen, obwohl die Bettgehzeit schon lange vorüber ist. Oder Mama legt sich als Erste ins Bett und schläft mal ordentlich 10 Stunden am Stück – auch das ist ein »Regelbruch«. Hier ist also Flexibilität von uns Eltern gefragt, da dürfen wir unsere mühevoll aufgestellten Regeln mal so richtig über den Haufen werfen. Sie machen es sich übrigens einfacher, wenn Sie ein Reiseziel und eine Urlaubsart suchen, die auch von außen wenige Anforderungen an den Tagesablauf stellt: Roadtrips, bei denen man unbedingt eine Fähre erwischen muss, Pensionen mit sehr begrenzten Frühstückszeiten oder ein Städtetrip in viel zu kleinen Hotelzimmern sind für Regelbrüche nicht sonderlich gut geeignet.

Ich nutze die Sommerzeit auch zu Hause immer sehr intensiv und bin, was die Nachmittagsgestaltung anbelangt, spontaner

Je nach Wetter kurzfristig entscheiden

In den Ferien können wir spontan sein und vieles erlauben, was es normalerweise nicht gibt.

als sonst. Schon alleine weil keine Hausaufgaben anstehen, gehen wir je nach Wetterlage mal in die Bücherei und schmökern dort eine Stunde, bevor wir uns einen Film ausleihen und den zu Hause mit ein paar Süßigkeiten zusammen verschlingen. Oder wir springen gegen Abend nochmal für zwei Stunden ins Freibad, weil es so schön heiß ist. Manchmal treffen wir uns alle in der Lieblingspizzeria, die mit dem tollen Spielplatz, und sitzen dort, bis die Sonne untergeht. Oder wir gehen morgens zum Bummeln in die Stadt, streifen ziellos durch die Läden, die in der Urlaubszeit meist leer sind, und lassen uns inspirieren. Die Kinder dürfen sich ein Comic kaufen und danach gibt es Pommes beim Goldenen M. Einfach mal eine kleine Erziehungsauszeit einlegen, das tut auch gut.

Natürlich gibt es auch hier Kinder, die besser, und andere, die schlechter mit solchen »Ausnahmen« klarkommen. Daher müssen Sie gleich im Vorhinein klar machen: Das hier gibt es alles nur, weil Sommerferien sind. Besprechen Sie also mit Ihren Kindern, warum sie länger schlafen, später ins Bett gehen und länger fernsehen dürfen. Zeigen Sie auf, dass das jetzt die große Ausnahme ist, die Freiheit der großen Ferien. Damit die Anpassungsschwierigkeiten am Anfang des neue Schuljahres oder Kindergartenjahres nicht so groß werden, fangen wir meist in der letzten Ferienwoche ganz langsam an, wieder den festen Tagesrhythmus einzuüben, stehen wieder pünktlich auf, fangen an, nochmal die Lerninhalte des

WAS MACHEN WIR HEUTE?

vorigen Schuljahres zu wiederholen, gehen Schulsachen einkaufen, richten den Ranzen her und misten nochmal das Zimmer aus.

GUTE IDEE

Testen Sie einfach aus, wie gut Ihre Kinder mit Ausnahmen umgehen können. Leider gibt es immer auch das Exemplar »kleiner Finger, ganze Hand«, bei denen aus »Okay, du darfst heute ausnahmsweise mal zwei Stunden bei deinem Freund Playstation zocken« ganz schnell ein »Aber ich darf doch immer bei Linus zwei Stunden Playstation zocken« wird. Die Ausnahme dann zurückzunehmen, bedeutet viel Diskussion und Stress. Das heißt also auch, dass es neben Kindern, die nur mit starren Regeln gut zurechtkommen, auch Regeln gibt, die man besser belässt. Überlegen Sie sich also gut, ob Sie gerade beim leidigen Thema Computer, Tablet und Co. Ausnahmen machen möchten (uns fällt gerade das immer wieder auf die Füße) oder lieber Regeln brechen, die nicht ganz so große Streitpunkte darstellen: Vielleicht sind die Zubettgehzeit oder Ohne-Besteck-Essen leichter, als Ausnahmen durchzusetzen. Welche Regel für Ihre Familie die richtige sein kann, wissen Sie natürlich viel besser als ich. Mit ganz kleinen Kindern ist das Regelnbrechen meistens am schwierigsten, weil sie rationalen Argumenten nicht zugänglich sind und das Wort »Ausnahme« noch nicht zeitlich oder inhaltlich zuordnen können.

Sommerferien – Zeit zum Reifen

VIELE KINDER SCHEINEN IN DEN LANGEN FERIEN ZU REIFEN UND MANCHMAL MEHR ZU LERNEN ALS IN DER SCHULZEIT. NUTZEN SIE DIESEN EFFEKT!

So paradox es klingt: Kinder lernen in der unterrichtsfreien Zeit manchmal mehr als in den Wochen zuvor in der Schule. Dabei meine ich keine harten Fakten wie das kleine Einmaleins und Rechtschreibung. Viel wichtiger sind die erweiterten sozialen Kompetenzen, die Ihr Kind erwirbt, wenn es im Ausland mit anderssprachigen Kindern am Strand spielen will, bei der Oma neue Freunde kennenlernt oder auf der Ferienfreizeit plötzlich mit der Clique aus der Parallelklasse spielen darf. Auch die Selbständigkeit erfährt manchmal einen regelrechten Schub: Vielleicht müssen Sie Ihren Großen auf einmal nicht mehr jeden Abend daran erinnern, die Zähne zu putzen – er macht es einfach. Vielleicht ist Ihre Tochter mit einem Mal auf dem Spielplatz gar nicht mehr schüchtern, sondern geht deutlich offener auf andere Kinder zu. Erzieherinnen und Lehrerinnen berichten immer wieder, dass sie nach längeren Ferien ganz andere Kinder in Kindergarten und Schule vorgefunden haben als vor den Ferien. Auch wenn gelegentlich Lerninhalte vergessen werden, haben die Kinder oft einen ganz anderen Grad der persönlichen Reife erlangt, der es ihnen aber auch ermöglicht, Lücken, zum Beispiel im Kopfrechnen, schnell wieder aufzuholen.

GUTE IDEE! →

Diese persönlichen Reifungsprozesse können Sie in der Familie auch nutzen, um sich mit Dingen auseinanderzusetzen, die schon lange unter den Nägeln brennen, aber im hektischen Alltag immer wieder weggeschoben wurden. Wenn zum Beispiel das Kleinkind partout nicht trocken werden will und im Kindergarten-Alltag keine Zeit ist, um dieses Thema konsequent anzugehen, sind Ferien oft eine gute Gelegenheit, das nochmal entspannt und ohne Druck zu versuchen. Gerade die warmen Sommertage eignen sich sehr gut, vielleicht sind Sie im Garten oder am weitläufigen Strand, wo kleine »Unfälle« nicht so sehr ins Gewicht fallen, und Ihr Kind lernt die neue Freiheit ohne Windeln sogar lieben. So wird ein sonst heikles Thema mit ein wenig Ruhe und Muße ganz schnell abgehakt. Oder das Fahrradfahrenlernen gestaltet sich schwierig, kann aber in der Schule oder im Kindergarten natürlich nicht geübt werden. Hier können ebenfalls die Ferien hilfreich sein, weil gemeinsame Radtouren locken oder Sie endlich mal Zeit haben, mit Ihrem Kind ganz in der Ruhe ein bisschen zu üben und es mit einem Ausflug zum Schwimmbad

ENDLICH HABEN WIR ZEIT FÜREINANDER UND KÖNNEN DINGE ÜBEN, DIE EIGENTLICH SCHON LÄNGST DRAN SIND.

zu motivieren. Auch zum Schwimmenlernen sind die Ferien immer wieder gut geeignet. Vielleicht belegt Ihr Kind einen Ferienschwimmkurs oder Sie fahren ans Meer. Im salzigen Meerwasser mit mehr Auftrieb fällt das Schwimmen viel leichter.
Sie können im Rahmen der »Ausnahmen« von den Regeln des Alltags auch von Ihren Kinder »Ausnahmen« verlangen: Traut sich Ihr Kind, am Wochenende alleine bei Oma und Opa zu übernachten, darf es abends länger aufbleiben. Oder gibt es endlich seinen Schnuller ab, darf es – weil es nun kein Kleinkind mehr ist –, auch nach dem Sandmann noch fernsehen. Denn auch Kinder stellen selbst für sich ganz eigene Regeln auf, zum Beispiel: »Ich werde niemals Rad fahren« oder »Ich muss immer mit einem Schnuller einschlafen.« Wenn sie diese Regeln brechen, führt das dazu, dass die Kinder ein bisschen größer werden und Verhalten ablegen, das nicht mehr zu ihrem Alter passt.

Neue Regeln statt Laisser-faire?

Abgesehen von kleineren Dingen wie trocken werden, alleine bei Oma und Opa bleiben, Radfahren üben oder Schwimmen lernen können Sie die Ferien aber auch nutzen, um als Familie zu reifen und sich für das neue Schuljahr ein paar neue Familienregeln zu überlegen, die Sie in der eigentlich regelfreien Zeit spielerisch ausprobieren können.
Das bietet sich vor allem für Familien an, die immer darunter leiden, dass sie bis jetzt keinen besonders strukturierten Alltag hinbekommen. Es gibt Familien, in denen aufgrund von Berufstätigkeit, Schichtdienst, Kindern verschiedenen Alters und vieler Aktivitäten oder Therapien am Nachmittag ein einigermaßen geregelter Tagesablauf schier unmöglich erscheint. Diesen Familien schlage ich vor, das bis hierher Gesagte einfach mal auf den Kopf zu drehen: Vielleicht haben Sie in den Sommerferien ein bisschen Luft und Zeit, einen festen Tagesablauf einzuführen. Denn im Grunde geht es doch in erster Linie darum, in den langen Sommerferien einfach mal etwas anders zu machen als sonst. Wenn Sie also während des Schuljahres immer Chaos und Laisser-faire haben, könnten Sie sich nun mit ein bisschen mehr Zeit zur Verfügung mal an festen Strukturen versuchen. In diesem Fall müssen natürlich alle an einem Strang ziehen. Hier sind dann in besonderem Maße auch die Väter, Omas, Opas oder Tanten gefragt, die vielleicht sonst eher ihren eigenen Stiefel machen. Bitten Sie Ihren Partner und die Verwandtschaft, sich an gerade neu eingeführte Schlafens-, Essens- oder Arbeitszeiten zu halten, sodass Ihr Kind die neue Struktur auch wirklich erfahren kann. Überlegen Sie gemeinsam, was im letzten Schuljahr oder Kindergartenjahr besonders schlecht gelaufen ist und warum. Üben Sie, wie Sie es eventuell besser machen und Konfliktsituationen vermeiden können. Vielleicht decken Sie den Frühstückstisch schon am Abend vorher oder Sie erlauben Ihrem Kleinkind, sich abends die Kleidung für den nächsten Tag rauszusuchen. Vielleicht führen Sie feste Essenszeiten ein oder verbessern die Tischsitten. Sie können sogar eine Art Ferienvertrag schließen, in denen die Regeln für die Zeit nach den Ferien festgehalten werden.

NUR FÜR ELTERN

URLAUB OHNE STRESS

Möchten Sie auch am liebsten möglichst viele tolle Ausflüge oder Sightseeing in die zwei oder drei Wochen Urlaub packen? Leider zieht man dann oft quengelnde Kinder und genervte Ehepartner hinter sich her. Weniger ist mehr! Wir erleben unsere entspanntesten Tage im Jahr immer dann, wenn wir es ruhig angehen lassen. Klar würden wir Eltern gerne mehr wandern. Aber im Sinne der Familienharmonie gehen wir einen Tag wandern, am nächsten Tag schwimmen oder gammeln einfach in unserem Feriendomizil – das wir auf Rumhängepotential hin ausgesucht haben – und lesen, spielen Karten, futtern Kekse oder malen Ferienbilder. Nichts, was man Verwandten und Freunden ausführlich auf dem Smartphone präsentieren könnte, aber: Wir sind erholt. Und genau an dieses süße Nichtstun werden sich die Kinder später gern erinnern.

Köstliche KRÄUTER

SOMMERKRÄUTER WIE QUENDEL (WILDER THYMIAN), HIRTENTÄSCHEL, BRENNNESSEL ODER DOST (WILDER OREGANO) WACHSEN IM JULI UND AUGUST WIE WILD. WIR VERWANDELN SIE FRISCH IN EIN LECKERES PESTO. AUCH RAUKE (RUCOLA) PASST GUT DAZU.

Pesto aus Sommerkräutern

Neben den frischen Kräutern ist Olivenöl eine wichtige Geschmackskomponente. Setzen Sie deshalb hier auf beste Qualität und guten Geruch. Billiges, leicht ranzig riechendes Olivenöl, das leider auch angeboten wird, kann das Pesto verderben und den feinen Geschmack der Kräuter übertönen.

1 Handvoll gemischte Wildkräuter, z.B. Brennnessel, Hirtentäschel, Oregano, Quendel, Ackermelde
2 Handvoll Rucola oder Rauke
2 Handvoll Nüsse, z.B. Pinienkerne, Walnüsse, Cashewkerne
2 Handvoll frisch geriebener Parmesan oder Pecorino
2 Knoblauchzehen
½ EL Salz
ca. 100 ml feinstes Olivenöl

1–2 Schraubgläser
20 Minuten

Die Kräuter waschen und trocken schleudern. Zusammen mit Rucola, Nüssen, Käse, Knoblauchzehen und Salz in der Küchenmaschine pürieren. Nach und nach das Olivenöl zugießen, bis ein glattes Pesto entstanden ist. Nochmal mit Salz abschmecken. Im Kühlschrank aufbewahren oder gleich aufessen.

DAS PASST DAZU: Nudeln aber auch auf Baguette als Snack für Zwischendurch

TIPP: Das fertige Pesto hält sich im Kühlschrank mit Öl bedeckt ein paar Wochen.

THERMIDOR

Wildkräuter
·PESTO·
Oregano
Ackermelde
Brennnessel
Hirtentäschle
Quendel

Kräuterwanderung am Morgen

RICHTIG FRÜH AUFSTEHEN, DIE SONNE AUFGEHEN SEHEN, DAS VOGELKONZERT HÖREN UND FRISCHE KRÄUTER SAMMELN IST AUCH EINE TOLLE FERIENERFAHRUNG.

Mir ist noch sehr gut in Erinnerung, wie mein Vater mal im Sommer mit mir morgens um halb fünf Uhr losgezogen ist, um im Wald Tiere zu beobachten. Wir hatten ein Frühstückspicknick dabei und die Stimmung im Wald kurz nach Sonnenaufgang war fast schon mystisch. Es war ein wunderbarer Vater-Tochter-Morgen, der mit einem gemeinsamen Nickerchen auf der Terrasse endete.

Für mich gibt es nichts Schöneres an einem Tag, der schon bei Sonnenaufgang große Hitze verspricht, als richtig früh aufzustehen und durch Wiesen oder durch den Wald zu laufen, die kühle Morgenluft sowie den Geruch der wilden Kräuter zu genießen, zu spüren wie die Sonne bereits um sieben Uhr immer stärker wird und dem frühen Vogelkonzert zu lauschen. Der frühe Vormittag ist auch ein guter Zeitpunkt, um Kräuter sammeln zu gehen, denn dann sind sie noch frisch, aber nicht mehr feucht vom Tau. Setzen Sie daher eine Kräuterwanderung lieber spontan an – sollte es nämlich in der Nacht geregnet haben oder sehr kühl gewesen sein, wird aus dem Sammeln nichts. Auch Blüten sollten Sie besser in einer Trockenperiode sammeln, weil sie dann aromatischer sind. So bereiten Sie sich auf eine Kräuterwanderung vor:

WEG ÜBERLEGEN: Vielleicht kennen Sie einen schönen Weg, der entlang vielfältiger Kräuterstandorte führt und neben Wald auch Wiesen- und Ackerland mit einschließt. Andernfalls gibt es für jede Region Wanderführer, in denen die eine oder andere passende Runde zu finden sein dürfte. Planen Sie für die Wanderung reichlich Zeit ein, damit Sie auch immer wieder stehen bleiben und gucken können. Wichtig: Ist große Hitze angesagt, sollte der Rückweg möglichst durch Wald oder im Schatten verlaufen und nicht gerade über die Äcker – diesen Weg eher für den Hinweg wählen, wenn es noch kühl ist.

GUTE IDEE!

AM ABEND VORBEREITEN: Legen Sie die Kleidung und Sonnenschutz, Sonnencreme und Mückenschutz bereit. Auch ein Picknick können Sie schon am Vorabend vorbereiten, sodass Sie es am Morgen nur noch einpacken müssen. Reichlich zu Trinken einplanen! Ideal sind außerdem kleine Snacks, die in der Hitze nicht an Form und Geschmack verlieren, außerdem viel frisches Obst und knackiges Gemüse. Ein Frühstückspicknick im Wald ist auf jeden Fall ein schönes Erlebnis. Damit die Kinder auf der ersten Etappe nicht unterzuckern, gebe ich ihnen vor der Wanderung immer einen großen Becher Kakao. Das gibt Kraft und motiviert.

SAMMELUTENSILIEN UND BESTIMMUNGSBUCH EINPACKEN: Wollen Sie Kräuter für die Küche sammeln, denken Sie an eine Schere, ein kleines Messer, eine kleine Gartenschaufel sowie ein paar Papiertütchen oder Schachteln. Für ein Herbarium ist es sinnvoll, die Kräuter bereits bei der Wanderung in einem Buch oder einer kleinen Blumenpresse zu pressen, da sie sonst bis zur Ankunft zu Hause verwelkt sind. Ein gutes Bestimmungsbuch sollten Sie auch immer dabeihaben. Wer sich noch nicht sicher ist, ob Kräuterhexe das neue Hobby wird, kann sich erstmal in der Bibliothek eines ausleihen. Kräuterbestimmungs-Apps gibt es für I-Phones und für Android.

TRANSPORTHILFEN: Da es sich um relativ viel Gepäck handelt, nehmen Sie am besten einen Kinderwagen oder Bollerwagen mit, in dem Sie Proviant und Gerätschaften verstauen können

Kräuter sammeln macht Spaß, besonders wenn wir sie pressen, essen oder gegen Insektenstiche anwenden können.

sowie evtl. später das eine oder andere müde Kind.

Kräuter, die man fast überall findet

Hier stelle ich Ihnen einige weitverbreitete und bekannte Kräuter vor. Unkraut gibt es nicht – vieles, was als Unkraut bezeichnet wird, ist sehr lecker.

KRIECHENDER GÜNSEL ist die Nemesis aller Gärtner, weil er sich mit Vorliebe im heimischen Rasen niederlässt. Seine oben am Stängel stehenden, lilafarbenen Blütenstände sind hübsche, essbare Deko für Kuchen, Salate usw.

BEIFUSS wächst in nährstoffreichen Wiesen, z.B. unter Obstbäumen. Die Blätter verströmen beim Zerreiben einen aromatisch-süßlichen Geruch, der an Wermut erinnert. Sie passen gut in sommerliche Kräuterquarks, aber auch fein gewiegt in Suppen.

UNBEDINGT MERKEN

SPITZWEGERICH ist die meist genutzte Heilpflanze und wächst fast überall, auch in jedem Stadtpark, am Wegesrand, sogar im Freibad. Die Blätter sind, frisch zerrieben, eine gute Akuthilfe bei Insektenstichen. Wenn also ein Kind in eine Biene tritt und Sie das Kühlgel nicht dabeihaben, können Sie auf Spitzwegerich zurückgreifen. Frische, im Inneren der Blattrosette geerntete Blätter können Sie zum Würzen von Speisen verwenden. Getrocknet ist Spitzwegerich als Tee gut bei Erkältungskrankheiten, da die enthaltenen ätherischen Öle auch antibakteriell wirken.

KAMILLE wächst am Rande von Getreideäckern und gelegentlich auf Schutthalden. Sie duftet gerade bei Sonneneinstrahlung besonders intensiv. Als Tee ist Kamille schon für Kleinkinder geeignet, beruhigt Magen und Nerven. Mit Kamille können Sie aber auch Wunden behandeln und eine sich ankündigende Bindehautentzündung eindämmen. Dazu einfach einen Umschlag mit gekochten Blüten machen, etwas abkühlen lassen und auf die Augen legen. Auch als Zutat für den Schlummertrunk (Seite 78) können Sie im Sommer schon Kamille sammeln, trockenen und den Rest des Jahres genießen.

WILDER OREGANO/DOST wächst am Waldrand, an Hecken und an Teichen. Er ist eine tolle Würze für italienische Gerichte und kann frisch, aber auch getrocknet verwendet werden. Beim Zerreiben verströmen die Blätter den typischen Pizzaduft. Die Blüten sind ebenfalls würzig und eine leckere Zugabe für sommerliche Nudelsalate.

SCHAFGARBE ist das wichtigste Heilmittel der chinesischen Medizin und wird auch bei uns schon seit Jahrhunderten als Heilkraut eingesetzt. Sie hat eine ähnliche Wirkung wie Kamille.

BRENNNESSELN sind unbeliebt, weil sie, wie der Name schon sagt, bei Berührung schmerzhaft brennen. Getrocknet ergeben Brennnesselblätter aber einen sehr guten Tee, gekocht sind sie ein prima Spinat-Ersatz, ihre Samen können Sie getrocknet über Müsli geben und so wichtige Mineralstoffe in den Winter retten. Auch wenn Sie zum Ernten Handschuhe tragen müssen: Einmal getrocknet oder gekocht, verliert die Brennnessel ihren Schrecken und kann ihre gute Wirkung entfalten. Sie liefert als Gemüse gegessen mehr Eisen als rotes Fleisch oder Spinat. Neben den oben erwähnten Mineralstoffen enthält sie außerdem entzündungshemmende Stoffe. Und in Wasser zur so genannten Brennnessel-Jauche vergoren ist sie außerdem umweltfreundliche Schädlingsbekämpfung und Dünger zugleich.

Seifen
1. Blüten
2. Seifenraspeln
3. erhitzen
4. Formen

BASTELN IM SOMMER

Aus der SEIFENKÜCHE

SELBSTGEMACHTE SEIFENSTÜCKE SIND EIN SCHÖNES GESCHENK FÜR MAMA ODER DIE BESTE FREUNDIN UND SEHEN HÜBSCH AUS, ZUM BEISPIEL IM GÄSTEBAD. DIE DUFTENDEN KRÄUTER FINDET MAN IN WALD UND WIESE ODER AUF DEM BALKON, ABER AUCH IN DER APOTHEKE ODER IM KRÄUTERLADEN.

Kräuterseifen aus Seifenresten

Reste von Seifen müssen Sie nicht wegwerfen, Sie können daraus auch selbst Kräuterseifen herstellen. Tragen Sie dabei unbedingt Handschuhe, damit Ihre Haut nicht austrocknet.

Für 5 kleine Seifen

1 Stunde

getrocknete Ringelblumenblütenblätter
getrocknete Kornblumenblütenblätter
gemischte getrocknete Kräuter, z.B. Spitzwegerich, Lavendel, Kamille
getrocknete Rosenblätter
120 g Seifenreste
2 TL neutrales Öl
6 EL heißes Wasser

Blütenblätter, Stängel und Kräuter im Mörser grob zerstoßen oder mit den Händen fein zerreiben. Seifenreste auf einer Reibe zu Flocken raspeln. Je feiner die Flocken, desto schneller geht nachher das Schmelzen und desto feiner werden später die neuen Seifenstücke. Die Seifenraspel mit Öl und Wasser im Wasserbad erhitzen und unter ständigem Rühren langsam schmelzen. So lange rühren, bis eine homogene Seifenmasse entsteht. Kurz abkühlen lassen und dann mit den Händen Kräuter und Blüten einarbeiten. Die Menge der Kräuter hängt ganz vom persönlichen Geschmack ab. Die fertige Seifenmasse zu kleinen Kugeln rollen oder in Ausstechformen oder Silikonformen pressen. Die fertig geformten Seifenstücke zum Trocknen auf ein Stück gefettetes Pergamentpapier legen. Wichtig: Die Seifenstücke nicht zu schnell trocknen, sonst bekommen sie Risse. Bevor die Seifen benutzt werden, lassen Sie sie ein paar Wochen richtig gut aushärten, dann halten sie länger.

VARIANTE: Wenn Sie nur Flüssigseife zu Hause haben können Sie eine günstige Handseife im Drogeriemarkt kaufen oder aber schon fertige Seifenflocken im Internet bestellen. Das spart Zeit.

FRUCTIDOR

[fʁyktidɔʁ]

DER FELDFRUCHTMONAT

Wir wünschen bonne rentrée und lernen loszulassen. Wir begreifen Vergänglichkeit mit der Sonnenuhr und »Land-Art«. Für das neue Schuljahr backen wir Pausenbrot und basteln Stiftehalter aus alten Dosen.

18. AUGUST BIS 16. SEPTEMBER

Ein Leben voller Meilensteine

UNSER KIND KOMMT IN DEN KINDERGARTEN ODER IN DIE SCHULE. DABEI MACHT ES EINEN GROSSEN ENTWICKLUNGSSCHRITT UND STELLT UNS VOR NEUE AUFGABEN.

Es ist der letzte Tag der Ferien. Am nächsten Morgen werde ich endlich in die Schule gehen. Mein neuer, noch makellos sauberer Schulranzen steht in meinem Zimmer, gefüllt mit bunten Stiften, Wachsmalern, die herrlich nach Bienenwachs duften, sowie einem Wasserfarbkasten mit Pinsel und Kittel. Über dem Stuhl hängt mein neues, ebenfalls noch makelloses Kleid, das ich anziehen soll. Es ist immer noch Sommer, auch wenn man merkt, wie er sich langsam dem Ende zuneigt: Das Korn wurde bereits geerntet und ich höre die Maschinen, die aus dem getrockneten Stroh Ballen pressen. Wir waren ein letztes Mal in dieser Saison im Freibad. Zusammen mit meinen Freunden war ich ein letztes Mal in diesem Sommer in unserer Bude im Wald, im Gepäck ein leckeres Picknick bestehend aus Nudelsalat und Frikadellen, Fanta und Capri-Eis. In der Schule werden wir nicht mehr so viel Zeit dafür haben. Ich erinnere mich an meine letzten Tage im Kindergarten: Sie waren von aufgeregter Langeweile geprägt. Es gab kein Projekt mehr, das sich anzufangen lohnte, und die Gespräche der Vorschulkinder drehten sich ausschließlich um Schulranzen, Stift-Marken und die Frage, wer von der Familie alles zu Einschulung kommen sollte. Der Abschied vom Kindergarten war mir nicht schwer gefallen, schließlich hatten wir alle große Lust, in die Schule zu kommen, und würden uns weiterhin täglich sehen. Nur 100 m weiter entfernt als der Kindergarten liegt die kleine Vorstadtschule mit einer ersten und einer zweiten Klasse, zu Fuß nur 10 Minuten von zu Hause entfernt, auch wenn ich später meist eher eine halbe Stunde für den Weg benötigen werde. In meinem Zimmer ist über die Ferien einiges anders und neu geworden: Ich habe endlich einen richtigen Schreibtisch und Regale, die mit Büchern sowie Heften gefüllt werden wollen. Ein wohliges Kribbeln macht sich in meinem Bauch breit, ein Teil Aufregung, was die Schule bringen wird, ein Teil Stolz, weil ich nun kein Kindergartenkind mehr bin. Auch wenn ich noch klein bin, verstehe ich, dass hier eine Ära endet und eine neue beginnt.

Ferien sind häufig ein Einschnitt

Nicht nur für Erstklässler bedeuten die großen Ferien oft eine Zäsur, die das Leben in ein Davor und ein Danach teilt. Auch Kleinkinder, die in den Regelkindergarten kommen, oder Viertklässler, für die die Grundschule vorbei ist und der Start in der weiterführenden Schule ansteht, erfahren das Ende des Sommers und somit das Ende der lange Ferien als Zäsur. Dieses Gefühl kann sich in Freude über das Kommende, aber auch in Trauer um das Vergangene ausdrücken. Immer aber ist das Erreichen dieser Meilensteine ein Moment, an den man sich sein ganzes Leben

Wir feiern das Ferienende und freuen uns auf die neue Zeit mit vielen neuen Aufgaben und Verpflichtungen.

lang erinnern wird, nicht nur als Kind, sondern auch als Eltern. Und natürlich müssen diese Meilensteine auch gebührend gefeiert werden. Während die Einschulung immer ein großer Tag ist und als solcher begangen wird, fällt der Start in den Kindergarten oft nüchtern aus. Zu sehr sind wir Eltern mit der als zu lang empfundenen Eingewöhnung beschäftigt und können keinen genauen Zeitpunkt festmachen, an dem unser Kind tatsächlich richtig im Kindergarten startet. Dabei kann es für Kinder, zumindest für die etwas älteren, den Start sogar erleichtern, wenn er ähnlich wie die Einschulung zelebriert wird: ein eigener Kindergartenrucksack oder eine Kindergartentasche, in die dann die benötigten Dinge wie Hausschuhe, Zahnbürste, Matschhose und je nach Einrichtung vielleicht die erste eigene Vesperdose gepackt werden; ein feierliches Abendessen vor dem Start und ein besonderes Kleidungsstück, das markiert, dass Ihr Kind jetzt zu den Großen gehört. Vielleicht freut sich Ihr Kind dann mehr auf den Kindergarten und es begreift, dass hier ein Lebensabschnitt endet und ein anderer beginnt.

Wie wäre es mit einem Ferien-Ende-Ritual?

Verdient dieser Meilenstein nicht auch für uns Eltern ein eigenes Ritual? Ich weiß nicht, ob es Ihnen so geht wie mir, aber am Ende der Ferien überkommt mich als Mutter immer ein bisschen Wehmut. Zum einen, weil die schöne Zeit ohne Schulsorgen und Kindergartenfeierstress vorbei ist, zum anderen, weil mir wieder vor Augen geführt wird, wie schnell die Kinder groß werden. Gerade eben noch ein Kindergartenkind und plötzlich geht der Sohn schon in die 3. Klasse. Gerade eben noch im Krabblernest, schon ist die Tochter in der Vorschulgruppe und lernt im Entenland erste Zahlen und Buchstaben. Da frage ich mich: Wo ist die Zeit hin? Für mich ist das Ende der Sommerferienzeit also ein Moment, um innenzuhalten, ja vielleicht sogar den schnellen Fortschritt der Zeit einfach anzuhalten und das Hier und Jetzt gebührend zu achten. Der Alltag ist leider oft hektisch und von Stress sowie Problemen geprägt, sodass man wenig Zeit für gemeinsame Aktivitäten hat.

GUTE IDEE

Das Ende der gemeinsamen Ferien mit einem Ritual zu begehen, kann eine sehr liebevolle Geste für alle, vor allem aber für Mama und Papa sein. Vielleicht gibt es einen Lieblingsitaliener, bei dem alle gemeinsam eine große Familienpizza verspeisen, die Kinder einen Eisbecher als Nachtisch genießen und die Eltern einen Espresso trinken.

Oder Sie haben ein gemeinsames Ausflugsziel, das für Sie zu den Ferien unbedingt dazugehört, z.B. einen Park oder einen See, mit der entsprechenden Familienaktivität, zum Beispiel Wandern, Bootfahren oder Picknicken. Wenn Sie am Ende der Ferien einen Familienkoller haben, können Sie auch mit jedem Kind einzeln etwas Besonderes unternehmen – eine besonders liebe Geste für ältere Kinder, die im Schulalltag oft das Gefühl haben, hinter allen anderen zurückstecken zu müssen. Unter Umständen entwickeln sich auch daraus schöne Ferienrituale, beispielsweise der Campingausflug von Vater und Sohn oder die Museumsbesuche mit der kunstbegeisterten Tochter.

Abschied und Neuanfang

Wer nach dem Ende der Ferien auf die Schule oder in eine andere Schulform wechselt, der verabschiedet sich nicht nur vom Müßiggang in den Ferien, nicht nur von alten Freunden, Erziehern oder Lehrern, sondern auch vom seinem früheren Selbst. Nun ist das Schulkind kein Kindergartenkind mehr, das Kindergartenkind ist kein Kleinkind mehr und wir sind plötzlich keine frischgebackenen Eltern mehr, sondern alte Hasen. Ich sage »plötzlich«, weil es mir oft so vorkommt, als ob die Entwicklung über Nacht stattgefunden hätte. Was natürlich nicht so ist, aber im Alltag achtet man (leider) nicht auf die viele kleinen Veränderungen, die in ihrer Summe dann immer eine große Veränderung ankündigen. Dann haben wir keine Kleinkinder mehr, sondern große Kinder, die schon mit einem Bein in der Pubertät zu stehen scheinen. Manchmal ist das die Chance

HOFFENTLICH!

für das Kind, aber auch für die Eltern, sich neu zu erfinden, alte Probleme und Konflikte in der Vergangenheit zurückzulassen und negative Eigenschaften zusammen mit der alten Rolle abzustreifen. Das Daumenlutscherkind will als Schulkind vom Daumen plötzlich nichts mehr wissen, das Schulkind räumt freiwillig den Tisch ab und die Eltern nehmen sich vor, in Noten-Dingen etwas entspannter zu reagieren.

Entwicklungsmeilensteine sind also auch die richtige Zeit für einen Rückblick, der gemeinsam oder alleine stattfinden kann, einfach beim Träumen oder Nachdenken oder auch, wenn Sie zusammen Fotoalben anschauen, die Bilder auf dem Smartphone durchgehen, eine alte Messlatte wieder aufhängen oder die selbstgemalten Bilder der Kinder anschauen. »Weiß du noch?«, können Sie dann die Kinder fragen und gemeinsam in Erinnerungen schwelgen. Gerade Kinder lieben Fotoalben mit Bildern von sich oder kleine Filmchen, in denen sie ihre ersten Schritte tun. Gemeinsam darf man da ruhig ein wenig nostalgisch werden.

Loslassen lernen

Bei all dem Feiern, Rundumerneuern und Schwelgen in Erinnerungen steht für uns Eltern noch eine wichtige Aufgabe im Raum: Wir müssen uns an die neue Situation anpassen und vor allem immer wieder eines lernen: loszulassen. Denn genauso, wie das Kind Geborgenheit und Liebe zum Wachsen benötigt, ist es wichtig, die einzelnen Entwicklungsschritte zuzulassen und zu begleiten. Es fällt vielen Eltern schwer, loszulassen, wenn ihr Kind das erste Mal zur Ferienfreizeit geht, das erste Mal alleine mit dem Bus fährt, das erste Mal alleine den Schulweg bewältigt. Unsicherheit und Angst machen sich breit, wenn sich das Kind ohne uns aufmacht in die Welt. Lassen Sie Ihr Kind Ihre Angst und Unsicherheit nicht spüren. Es wird sonst selbst ängstlich und unsicher. Wir Eltern müssen dringend lernen, uns zurückzunehmen und die Großen gehen zu lassen, auch wenn es schwerfällt – wenn der Filius ewig braucht, um von der Schule heimzulaufen oder als Jugendlicher erst abends spät nach Hause kommt.

Ich erinnere mich dann an meine Yoga-Lehrerin, die uns immer, wenn wir in einer besonders schmerzhaften Position verbrezelt dalagen, sanft zuhauchte: »Lass los, lass los.« Das ist ein perfektes Mantra für uns Eltern, wenn die Kinder in rasantem Tempo größer werden und wir dazu tendieren, den Teenie wie ein Vorschulkind zu behandeln. Denn irgendwann werden sie es uns übel nehmen, dass wir sie nicht loslassen können oder wollen. Nicht umsonst sind Helikoptereltern für Erziehungswissenschaftler das Übel unserer Zeit. Nicht umsonst wirft die Wirtschaft den Eltern vor, unselbstständige und verhuschte Menschen heranzuziehen. Das mag im Einzelfall nicht so extrem sein, aber im Mittel fällt es Eltern heutzutage schwerer, die Kinder in die Welt zu lassen, als noch vor ein paar Jahrzehnten.

Aber: Das Erlernen von Autonomie ist ebenso wichtig wie das von Radfahren, Lesen, Schreiben, Rechnen oder Schwimmen. Natürlich wissen wir Eltern alles besser, schließlich haben wir jeden Fehler schon gemacht und uns in unserem Leben behaglich eingerichtet, mit all seinen vermeintlich richtigen Entscheidungen. Auch hier stehen die Kinder und insbesondere Jugendliche für Veränderung. Denn was für uns richtig war, kann für unseren Nachwuchs schon völlig unpassend sein. Als Eltern müssen wir auch andere Lebenswege zulassen können – hier wieder das Mantra »Lass los« murmelnd. Denn je älter die Kinder werden, desto mehr sollten wir anerkennen können, dass der eigene Einfluss auf sie schwindet. Während wir weiterhin selbstverständlich als Ankerplatz zu Verfügung stehen sollten, treibt das Schiffchen Kind immer mehr auf eigenen Fahrrouten und sucht

TRAUEN WIR UNSEREN KINDERN ETWAS ZU. SIE KÖNNEN OFT SCHON MEHR, ALS WIR DENKEN.

Zwei Dinge sollten Kinder von ihren Eltern bekommen: Wurzeln und Flügel.

Johann Wolfgang von Goethe

sich irgendwann einen eigenen Hafen. Auch schon Kleinkinder entwickeln diesen Willen zur Autonomie und wollen Dinge alleine machen. »Alleine machen« ist der Lieblingsspruch meiner Tochter gewesen und ihre Wut, wenn ich sie aus Zeitdruck mal nicht ließ, war riesengroß. Das nennt man gemeinhin Trotzphase. Auch unser Sohn, den wir schon in der Vorpubertät wähnten, beschwerte sich kürzlich, wie sehr es ihn nerve, dass wir ihn ständig an all seine Verpflichtungen erinnerten. Wir sollten ihn doch bitte selbst machen lassen und, wenn es nicht klappte, werde die Lehrerin schon mit ihm schimpfen. Da war ich erst mal baff: mein Sohn ist vernünftiger als seine Mutter. Denn natürlich hat er recht.

Es ist wichtig, den Kindern zu jedem Zeitpunkt die Möglichkeit zu geben, mehr Willensstärke und Eigenverantwortung zu entwickeln. Dann dauert es nun mal zehn Minuten länger, bis Ihr Kind gefrühstückt hat, weil es selbst sein Brot schmieren wollte. Dann sind wir halt ein bisschen zu spät, weil der Große die Fahrkarte selbst kaufen wollte. Lassen Sie bitte trotzdem zu, dass sich Ihr Kind verselbstständigt, und lassen Sie los. Das Ergebnis von zu viel Kontrolle und Überbehütung nämlich, von zu viel Einschränkung und Abnahme unbeliebter Aufgaben ist ein körperlich reifes Kind, das emotional auf dem Stand eines kleineren Kindes bleibt. Durch diese Disharmonie sind Probleme vorprogrammiert und die Ablösungstendenzen in der Pubertät werden für alle Beteiligten umso heftiger ausfallen. Und gelegentlich schneiden Sie sich damit auch ins eigene Fleisch: Manche Charaktere finden es sogar gut, bis ins »hohe Alter« von Mama und Papa vollumfänglich versorgt und betüddelt zu werden. Sie entwickeln sich leider oft zu regelrechten Nesthockern, jungen Frauen und Männern, die mit 30 Jahren noch zu Hause wohnen, sich die Wäschen waschen und das Essen kochen lassen. Wenn man nach 30 Jahren immer noch dreckige Socken vom Sohn in den Finger hält, wünscht man sich mit Sicherheit, man hätte in jungen Jahren öfters mal losgelassen.

HOFFENTLICH NICHT!

Wir ERFINDEN uns neu

KINDERGARTENSTART, EINSCHULUNG, SCHULWECHSEL – NACH DEN SOMMERFERIEN STEHEN VIELE UMBRÜCHE AN, DIE IMMER AUCH NEUE CHANCEN BIETEN.

Sechs Wochen Sommerferien sind eine lange Zeit und viel kann sich geändert haben. Wahrscheinlich freut sich Ihr Kind, seine Klassenkameraden wiederzusehen, und vielleicht erzählt es zu Hause von neuen Entwicklungen: Die Freundin hat jetzt lange Haare oder der Freund, der immer so klein war, überragt Ihren Sohn plötzlich um einen halben Kopf. Ihr Kind hat vielleicht in den Ferien ein neues Talent entdeckt oder ist über die Kontakte im Urlaub auch seelisch gereift. Möglicherweise betrachten manche Kinder in der ersten Schulwoche alte Freundschaften anders und Ihr Kind kommt mit neuen Freunden aus der Schule zurück. Dann sollten Sie nicht erschrecken oder gar eingreifen. Gerade in der Grundschule sind solche Entwicklungen normal. Nach den Ferien sind die sozialen Strukturen aufgeweicht, neue Kontakte wurden eventuell über Ferienfreizeiten geknüpft. Schnell bilden sich neue Cliquen und Freundschaften. Natürlich kann diese Erfahrung auch schmerzhaft sein – wenn man zu jenen gehört, die ihren angestammten Platz verlieren, ohne einen neuen zu finden.

Dann ist es wichtig, dass Sie für Ihr Kind da sind, ihm zuhören und Veränderungen frühzeitig bemerken. Manchmal kann es helfen, die Tochter oder den Sohn in einen Verein zu schicken, in dem sie neue Kinder kennenlernen. Manchmal geben sich solche Veränderungen aber auch oder sie können im Endeffekt sogar positiv ausfallen, weil sich Ihr Kind in der Klasse neu orientiert und in anderen Kindern noch viel bessere Freunde findet. Aber natürlich nagt eine solche Zurückweisung erst einmal am Selbstbewusstsein der Kinder. Auch darauf können Sie Ihr Kind gegen Ende der Ferien vorbereiten, indem Sie es bestärken und betonen, was es in den Ferien alles Tolles gemacht oder gelernt hat. Wer mit einer guten Portion Selbstvertrauen in die neue Schulsituation geht, wird veränderten Freundschaften deutlich entspannter gegenüber stehen.

VIELES IST JETZT ANDERS

Übrigens finden solche sozialen Umbrüche auch schon im Kindergarten statt, wenn nach der Sommerpause die Erstklässler den Kindergarten verlassen und andere Kinder in die Vorschulgruppe aufrücken oder nicht mehr zu den ganz Kleinen gehören. Mit einem lachenden Auge sieht Ihr Kind die neuen kleinen Kindergartenkameraden ankommen, mit einem weinenden verabschiedet es vielleicht einen guten Freund oder eine liebe Freundin in den Schulalltag und muss selbst noch ein Jahr warten, bis es endlich Abc und Zahlen büffeln darf. Machen Sie Ihrem Kind die Wartezeit so kurzweilig wie möglich, indem Sie Verabredungen mit alten Freunden arrangieren, Vorschulaktivitäten mit dem Kind machen oder mal in der Schule vorbeischauen. In unserem Kindergarten wurde das Problem übrigens ganz toll gelöst: Die Vorschulkinder und die neu eingeschulten Kinder machen das ganze Jahr über weiterhin gemeinsam Projekte, teilweise sogar zweimal die Woche in der ersten Schulstunde, bei der die Vorschulkinder in der Schule mitmachen dürfen oder aber die Erstklässler ihre Kameraden im Kindergarten besuchen. Gemeinsam wird dann gelernt, gebastelt, gesungen und getanzt. Dadurch fällt die Umstellung nicht so schwer.

Weil man sich in der langen Ferien-Auszeit innerlich verändert, haben gerade Jugendliche oft Lust, sich auch äußerlich zu verändern. Ein Besuch beim Friseur, die tolle Bräune aus dem

Freibad- oder Strandsommer, ein paar neue Klamotten aus dem Sommerschlussverkauf und Ihr Kind fühlt sich wie ein anderer Mensch. Und mal ehrlich: Uns geht es doch nicht anders. Vielleicht ist das deshalb eine gute Zeit, um die Garderobe zu entmüllen, alte, zu klein gewordene Kleidung auszusortieren und Neues für den Schulanfang zu besorgen. Und wenn wir gerade dabei sind, uns selbst neu zu erfinden, machen wir mit unserem Umfeld gleich weiter. Da kann Altes endlich abgehakt, abgeheftet oder entsorgt werden, ob es nun Schulhefte aus dem Vorjahr oder die Steuererklärung sind. Ein Teil der alten Probleme wird praktischerweise gleich mit entsorgt. Gemeinsam für das neue Schuljahr einkaufen, das Kinderzimmer nochmal gründlich aufräumen und vielleicht sogar streichen, den Schreibtisch umorganisieren, neue Vorhänge nähen, die Stifte aussortieren und spitzen, die Hefte einschlagen und stapeln, kaputte Spielzeuge aussortieren – was im Frühjahr beim Großputz nicht geschafft wurde, können Sie jetzt gut nachholen. Sauber, aufgeräumt und äußerlich wie innerlich sortiert starten wir dann gemeinsam ins neue Kindergarten-, Schul- sowie Arbeitsjahr.

Machen wir es wie die Franzosen: bonne rentrée!

Die Franzosen, die mit acht Wochen nochmal deutlich länger und dazu landesweit alle gleichzeitig Sommerferien haben, feiern am 1. September deswegen eine Art »Neujahr«, Rentrée genannt. Da auch die Erwachsenen alle zeitgleich in die Ferien gehen, ganz Paris in der Zeit fast wie ausgestorben ist, während an der Côte d'Azur und in der Normandie die Strände gut gefüllt sind, fällt der gemeinschaftliche Willkommensjubel bei unseren Nachbarn umso größer aus. Es gibt spezielle Angebote für Schulsachen, einen Sommerferienschlussverkauf und auf der Straße wünscht man sich »Bonne Rentrée«. Also wünschen auch wir uns alle einen »Frohen Wiedereinstieg« und gehen erholt, motiviert und rausgeputzt an den neuen Alltag heran.

NUR FÜR ELTERN

WARUM NEUE DINGE NUR FÜRS NEUE JAHR VORNEHMEN?

Vielleicht ist der »kleine Jahreswechsel«, der bonne rentrée, mindestens genauso gut geeignet, wenn es darum geht, weniger Süßigkeiten zu essen, weniger zu rauchen, mehr Sport zu treiben oder abzunehmen. Denn mal ehrlich: im Spätsommer ist man doch deutlich motivierter als im Januar. Durch herbstlich goldene Wälder joggt es sich leichter, die reiche Obsternte macht den Verzicht auf Schokolade, Bonbons usw. einfacher und auch der Verzicht auf das Rauchen fällt vermutlich leichter, wenn es genug Ablenkung wie Weinlese, Spätsommerkonzerte, Herbstwanderungen oder die letzten Tage im Freibad gibt. Ich kann mich jedenfalls im bunten Herbst deutlich besser motivieren, meinen Lebensstil zu ändern, als im dunklen, grauen Januar, wenn ich mich am liebsten mit Schokolade, Kuchen und Kaffee tagelang auf das Sofa kuscheln möchte.

SCHULZEIT – Pausenbrotzeit

AUCH WENN DAS ANGEBOT AN FERTIGEN SANDWICHES, EINGETÜTETEN WÜRSTCHEN UND SNACKS RIESENGROSS IST, GEHT DOCH NICHTS ÜBER EIN SELBSTGEMACHTES PAUSENBROT – AUCH WENN KINDER DAS WAHRSCHEINLICH ANDERS SEHEN. DAFÜR IST ES GESUND UND SPART JEDE MENGE MÜLL.

Das beste Pausenbrot-Brot

Gerne nehme ich mir Zeit für ein leckeres, selbstgebackenes Brot. Vor allem wenn es so schnell und einfach geht wie dieses hier.

100 g Roggenmehl
200 g Weizenmehl
½ TL Salz
2 EL Muskavadozucker (oder Rohrohrzucker)
½ TL Kardamompulver
30 g Hefe
1 TL Honig
130 g Joghurt
etwas lauwarmes Wasser
1 Handvoll Rosinen
1 Handvoll gehackte Walnüsse

für 1 Kastenform
10 Minuten + 75 Minuten Gehzeit + 60 Minuten Backzeit

Roggenmehl mit Weizenmehl, Salz, Zucker und Kardamom vermischen. Hefe mit Honig in etwas lauwarmem Wasser auflösen und zusammen mit dem Joghurt zum Teig geben. Mit Knethaken auf höchster Stufe gründlich durchkneten, bis ein etwas klebriger Teig entsteht. Ist dieser zu fest, etwas mehr lauwarmes Wasser zugeben. Rosinen und gehackte Nüsse unterheben und den Teig zugedeckt 1 Stunde an einem warmen Ort gehen lassen. Den Ofen auf 200 °C Umluft vorheizen. Den aufgegangenen Teig ohne weiteres Kneten in eine bemehlte Kastenform gleiten lassen und mit einem Teigschaber glattstreichen. Noch mal 15 Minuten gehen lassen. In den Ofen geben. Nach ca. 10 Minuten mit etwas Wasser bepinseln (für die Kruste) und dann ca. 50 Minuten backen. Stäbchenprobe machen. Wenn kein Teig am Stäbchen hängen bleibt, ist das Brot fertig. Brot aus der Kastenform lösen und vor dem ersten Anschneiden gut auskühlen lassen, sonst zerbröselt es. Scheibenweise einfrieren und für ein Pausenbrot morgens im Toaster aufbacken.

DAS PASST DAZU: Butter, alle Käsesorten, knuspriger Bacon

VARIANTE: Wenn Ihre Kinder keine Rosinen und Nüsse mögen, stattdessen eine Handvoll feine Haferflocken zum Teig geben.

Mach mal Pause!

Wie die ZEIT vergeht

ZEIT IST FÜR KINDER ETWAS SEHR ABSTRAKTES, ABER WIR KÖNNEN SIE MIT EINER SELBST GEBAUTEN SONNENUHR GANZ EINFACH ANSCHAULICH MACHEN.

Zeit ist etwas sehr Flüchtiges, sie vergeht beständig, jede Sekunde werden wir älter und die Minute, die gerade noch war, ist jetzt schon vergangen. Während das Leben heutzutage ganz dem Einhalten von Terminen und dem Nutzen von Zeit gewidmet ist und wir Erwachsenen mit dem Konzept mehr oder weniger etwas anfangen können, fehlt Kindern oft jegliches Zeitgefühl. Manchmal fragt mich meine Tochter, ob die gerade eingenommene Mahlzeit das Mittag- oder das Abendessen war, derart aus der Zeit gefallen verbringt sie, trotz Kindergartenroutine, ihren Tag. Geben wir es zu: Wir werden ein wenig neidisch ob dieser Aus-der-Zeit-Gefallenheit. Schließlich bestimmen Kalender und Uhren unseren Alltag, takten unser Leben.

Damit Kinder verstehen lernen, warum Mama und Papa morgens so nervös auf die Uhr schauen und ständig sagen »Wir haben nicht mehr viel Zeit«, sollten wir Ihnen vor Augen führen, wie die Zeit davonläuft. Greifbar wird die »Zeit« neben der Sanduhr auch mit einer Sonnenuhr. Schließlich bestimmen Sonne und Mond die Länge von Tagen und Monaten, die Dauer eines Jahres, den Wechsel der Jahreszeiten. Sonnenuhren sind mit die ältesten Zeit-Beobachtungssysteme. Auch wenn sie nicht so genau arbeiten wie unsere heutigen Uhren, waren sie bis fast 1900 wichtige Zeitmesser. Vom alten Ägypten bis in die Renaissance, von China bis Europa gibt es die Sonnenuhren schon seit Jahrtausenden. Der Lauf der Sonne ist zwar nicht gleichmäßig aufgrund der unterschiedlichen Einfallswinkel des Lichts – auch das werden Sie beim Betrachten der Sonnenuhr sehen –, aber eins erkennen Sie bestimmt: Die Zeit läuft beständig mit der Sonne weiter, ein Tag neigt sich dem Ende zu und ein neuer beginnt.

> Zeit ist das, was man an der Uhr abliest.
>
> *Albert Einstein*

Wir bauen eine Sonnenuhr

DAS MACHEN WIR AUCH!

Um eine einfache Sonnenuhr zu bauen, benötigen Sie nicht viel mehr als einen freien sonnigen Platz mit weichem Untergrund und einen Stock sowie eine Armbanduhr oder ein Handy als Referenz, um die richtige Zeit anzuzeichnen. Ihre Kinder können beim Sonnenuhrbauen prima mithelfen. Als Erstes glätten Sie den Untergrund und stecken den Stock in die Erde. Dann stampfen Sie die Erde um den Stock herum gut fest und beobachten, wohin die Sonne den Schatten des Stocks wirft.

Vergleichen Sie das mit Ihrer Uhr. So können Sie die erste Zeitmarkierung in den Boden malen, zum Beispiel 14 Uhr. Nun eine Viertelstunde beobachten, wie schnell der Schatten wandert und dann die zweite Zeitmarkierung in den Boden malen, hier wäre das 14.15 Uhr. Durch den Abstand zwischen den zwei Markierungen können Sie eine Zeitskala festlegen und in den Boden malen. Weiter beobachten, ob sich die Abstände ändern, was sie spätestens gegen Abend tun sollten. Da die Sonne dann tiefer steht, werden die Abstände zwischen den Markierungen größer.

Damit die Sonnenuhr hübsch aussieht, suchen Sie nun nach bunten Steinen, Blättern, Blüten, Zweigen und Ähnlichem und gestalten die Sonnenuhr so aus, dass die Skala gut erkennbar bleibt. Sie können zum Beispiel die Striche der Skala mit hellem Kies markieren, sodass sie einfacher erkennbar sind. Während Sie die Uhr gestalten, können Sie immer wieder sehen, wie der »Zeiger«, also der Schatten des Stocks, weiterwandert. Haben Sie keinen günstigen Untergrund und verwischen die Markierungen sehr leicht, können Sie auch ein Loch in ein größeres Blatt Papier schneiden, so das Papier über den Stock ziehen und auf den Untergrund legen. Nun können Sie die Markierungen auf das am Boden liegende Papier malen. Das ist eine gute Idee für den Strand, denn hier verweht der Wind die Zeitskala sehr leicht.

Land Art – was ist das?

Die Vergänglichkeit von Zeit und Dingen wird noch deutlicher, wenn Sie die Sonnenuhr mit »Land Art« gestalten. Land Art sind temporäre Kunstwerke in und mit der Natur, die nach ein paar Tagen, manchmal auch nur nach Stunden wieder verschwinden, weil der Wind sie auseinandertreibt, die verwendeten Materialien vertrocknen, verschimmeln oder schmelzen oder Tiere in dem aus Eicheln, Kastanien sowie Mais gestalteten Kunstwerk stöbern. Land Art lebt meist nur für einen Moment, ist nie statisch, verändert sich und lehrt so auch das Loslassen.

TOLLE IDEE

Die simpelste Form von Land Art sind Matschgesichter an Bäumen, die Sie mit Blättern, Hagebutten und Gräsern gestalten können. Dazu einen Matschklumpen auf die Rinde schmieren, sodass er rund wie ein Gesicht ist. Dann Haare aus Gräsern, Augen aus Waldfrüchten und einen Mund aus Hagebutten in den Matsch drücken. Sie können auch frische Baumstümpfe, die traurig im Wald stehen und davon erzählen, dass hier mal ein schöner Baum gewachsen ist, verzieren: Mit Moosen, Zapfen, Steinen, Blättern, Zweigen, kleinen Baumpilzen und Kräutern können Sie die Jahresringe nachlegen und eine Spirale des Lebens gestalten. Es gibt noch 1000 andere Ideen für Land Art, lassen Sie Ihre Kinder einfach mal machen. Mit Zapfen und Moosen können Sie Gesichter auf den Boden malen, mit Blättern bunte Märchenbilder gestalten oder mit Hagebutten ein Schneckenhaus auf den Boden malen.

Auch die Umgebung Ihrer Sonnenuhr können Sie so gestalten, zum Beispiel mit Blättern von Sonnenblumen, als Ziffern dürfen schöne Stöckchen herhalten und den Sonnenuhrstab selbst können Sie mit Gräsern umwickeln. Eine Zen-Sonnenuhr entsteht, wenn Sie Ziffern und Striche mit dunklen Steinen nachlegen und das restliche Rund mit hellen Steinen auslegen. Auch in Formen geschichtete, bunte Blätter der umstehenden Bäume können die Sonnenuhr verzieren. Die Möglichkeiten sind wirklich unendlich und besonders Kinder haben viel Spaß dabei.

STIFTE

BASTELN IM SOMMER

Bald fängt die SCHULE an

DANN HEISST ES WIEDER LERNEN UND HAUSAUFGABEN MACHEN. MIT EIN BISSCHEN ORDNUNG AUF DEM SCHREIBTISCH FÄLLT DAS LEICHTER. UTENSILIENHALTER SELBST BASTELN REGT DIE KREATIVITÄT IHRER KINDER AN, MACHT SPASS UND STIMMT GANZ LANGSAM AUF DEN SCHULALLTAG EIN.

Stiftehalter aus alten Dosen

Neben Konservendosen können Sie auch leere Tee-, Kaffee- oder Kakaodosen verwenden. Sie werden ganz nach den persönlichen Vorlieben beklebt, besprüht oder bemalt und auf dem Schreibtisch angeordnet. Schön sieht es aus, wenn Sie Dosen in verschiedenen Formen verwenden.

3–4 unterschiedlich große Dosen
1 Zange
Schleifpapier
Kreppband
weiße Sprühfarbe
bunte Stifte oder Acrylfarben
permanenter Sprühkleber
Zeitungspapier
bunte Papierreste oder ausgeschnittene Fotos von Lieblingshelden
Klarlack
Schnur oder Band
Heißkleber

➤ Die Dosen innen und außen gründlich reinigen, Etiketten mit heißem Wasser und Spülmittel entfernen. Den scharfen Rand mit der Zange so umbiegen, dass sich niemand beim Stifte-Rausholen verletzen kann. ➤ Die Dosen mit Schleifpapier rundherum anrauen und so auch hartnäckige Kleberreste von alten Etiketten entfernen. ➤ Variante 1: Dosen mit Sprühfarbe weiß ansprühen. Gut trocknen lassen und farbig verzieren, z.B. mit Lackstiften, bunten Acrylfarben oder Wachsmalstiften. ➤ Variante 2: Papierstücke aussuchen und in passende Größen schneiden. Dosen mit Sprühkleber besprühen und sofort mit dem Papier bekleben, gerne auch übereinander. Gut trocknen lassen. Für einen schönere Effekt mit Klarlack lackieren, dann hält die Verzierung länger. ➤ Die Dosen locker nebeneinander auf den Schreibtisch stellen, mit einer Schnur oder einem Zierband zusammenbinden oder mit Heißkleber in einem Schuhkartondeckel fixieren.

VENDÉMIAIRE

[vãdemjɛʁ]

DER WEINLESEMONAT

Wir üben uns in Toleranz und nehmen uns vor, andere so zu akzeptieren, wie sie sind. Im Wald bauen wir Hütten für Fabelwesen und Trolle, färben Stoff mit Naturfarben und kochen mit ungewöhnlichen Zutaten.

22. SEPTEMBER BIS 21.OKTOBER

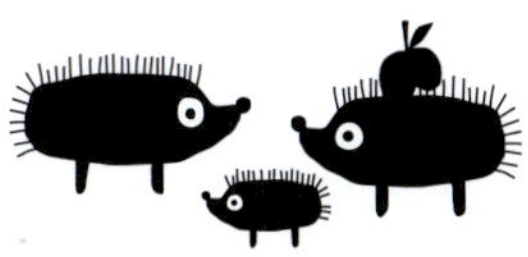

Die WÄLDER sind so bunt wie wir

JEDER MENSCH IST EINZIGARTIG UND HAT BESONDERE MERKMALE UND FÄHIGKEITEN – MANCHMAL TUN WIR UNS SCHWER DAMIT, DAS ZU AKZEPTIEREN.

Martin steht in der Ecke und heult. Seine dünnen Arme hat er fest um sich geschlungen und die übergroße Krankenkassenbrille hängt schief in seinem Gesicht. Eine Meute aus Grundschülern steht ihm gegenüber und lacht lauthals über einen Witz, den unser Klassenrowdy gemacht hat. Ich stehe daneben und lache mit, auch wenn sich mir in der Magengrube alles umdreht. Schließlich ist es keinen Tag her, dass ich dastand und als »Bohnenstange« beschimpft wurde, meine Vesperdose im Müll lag und jemand im Sportunterricht meine Turnschuhe versteckt hatte. Während Martin immer verzweifelter wird und wütend anfängt, nach dem erstbesten Kind zu schlagen, das ihm im Weg steht, kommt die Pausenaufsicht angelaufen. Wie von Geisterhand verschwinden alle Kinder, nur ich bleibe stehen, weil ich zu langsam bin, um wegzulaufen, und zu fasziniert von Martins dürrer Gestalt, seinem viel zu großen Kopf mit den vergrößerten Augen hinter der Brille, seinen fast weißen Haaren und der blassen Haut. Die Lehrerin stellt mich zu Rede, weiß aber auch, dass ich nicht der einzige Übeltäter bin. Sie verlangt, dass ich mich bei Martin entschuldige und ihn in die Klasse begleite. Martin würdigt mich keines Blickes, sondern starrt nur nach unten auf den Boden. Meine Entschuldigung verhallt ungehört und die anderen Kinder feixen aus der Ferne.

Andersartigkeit akzeptieren

Heute denke ich viel an Martin zurück. Immer dann, wenn eines meiner Kinder tief betrübt aus dem Kindergarten oder der Schule nach Hause kommt, weil es von anderen gehänselt wurde, erinnere ich mich an ihn. Wenn eins meiner Kinder mir erzählt, die anderen fänden es zu dünn, zu leise oder zu dumm, es habe nicht die richtigen Interessen oder sei seltsam angezogen, merke ich, wieviel Traurigkeit das erzeugt, und ich erinnere mich an meine eigene Kindheit zurück. Gerade, weil auch ich oft eingesteckt habe, hätte ich für den Außenseiter einstehen müssen, aber die Lust, den Lautesten und Stärksten zu gefallen, war dann doch immer größer.

Andersartigkeit zu akzeptieren und vielleicht sogar schätzen zu wissen, ist Kindern definitiv nicht mit in die Wiege gelegt. Nicht umsonst wird oft gesagt, Kinder seien »grausam« oder »Kindermund tut Wahrheit kund«. Auch wenn es die Wahrheit ist, dass jemand extrem untalentiert im Sport ist, so ist das natürlich noch lange kein Grund, daraus eine Schmähkampagne zu machen. Aber Kinder tun sowas, immer und immer wieder. Erwachsene leider auch allzu oft. Es liegt wahrscheinlich in der

VERSUCHEN WIR, DIE ANDEREN SO ZU AKZEPTIEREN, WIE SIE SIND – AUCH WENN SIE UNS »KOMISCH« ERSCHEINEN.

Natur des Menschen und vor allem der Kinder, alles, was unbekannt und darum vielleicht auch Angst einflößend ist, zu bekämpfen.

Wir Eltern sollten unseren Kindern beibringen, genau dies nicht zu tun. Das ist leider nicht so einfach, denn auch wenn wir es uns ungern eingestehen wollen: In ihren Vorurteilen spiegeln unsere Kinder auch das Elternhaus wider. Jemand, der einen talentierten Fußballer als Vater hat, der öfter mal über »die Nerds« lästert, wird ebenfalls unsportliche Kinder hänseln und missachten. Jemand, der eine belesene und kulturinteressierte Mutter hat, die sich über die Fußballproleten aufregt, wird vielleicht Kinder mit Sprachschwierigkeiten als doof verspotten. Bevor wir unserem Nachwuchs also groß und breit einen Vortrag über Toleranz und Andersartigkeit, Mobbing und Hänseleien halten, sollten wir erstmal unser eigenes Verhalten beobachten und sehen, wo wir uns intolerant und gemein verhalten. Sonst geht der Vortrag zum einen Ohr rein und zum anderen wieder raus, denn Kindern finden doch immer beeindruckender, was getan als was gesagt wird. Der gute alte Spruch »Erziehung ist Vorbild« passt da ganz gut. Dem Kind zu verbieten, über die Freundin zu lästern, funktioniert nicht, wenn Sie selbst jeden Abend auf dem Sofa die Kollegin runtermachen, weil sie während der Arbeit zu viel isst oder dick ist.

Faire Kritik üben

Das heißt natürlich nicht, dass wir plötzlich jedes Fehlverhalten anderer immer entschuldigen und aushalten müssen und nichts mehr kritisieren dürfen. Im Gegenteil, objektive Kritik ist etwas Gutes. Die entscheidende Frage ist aber, was und wie kritisiert wird. Einen Menschen wegen seines Aussehens zu kritisieren, macht wenig Sinn, denn dafür kann er erstmal nichts. Aber Fehlverhalten dürfen wir natürlich anmahnen. Außerdem können wir Kritik auf zweierlei Arten anbringen: respektvoll oder verächtlich. Allzu menschlich tendieren wir leider häufig zu letzterem und verbinden dann doch die beiden Dinge, die eigentlich nicht viel miteinander zu tun haben: Wir setzen Wesensmerkmale mit Fehlverhalten gleich. Der ist zu dick? Deswegen kann er den Müll nicht runtertragen, denn Dicke sind von Haus aus faul. Der hat keine ordentliche Schulbildung? Deswegen kann er sich abends nicht an die Hausregeln halten, weil er die bestimmt nicht mal lesen kann. Der hat ein pickeliges Gesicht? Natürlich ist er zu faul, sich mal ordentlich zu waschen.

STIMMT

Zwar werden vielerorts Toleranz, Integration und Inklusion gepredigt, aber wo diese Konzepte nur bloße Worthülsen und Projekte ehrgeiziger Politiker sind, da schlagen sie meist eher ins Gegenteil um, weil weder die Ausbildung der Erzieher, noch die Toleranzfähigkeit unserer Kinder groß genug ist und Kinder selten etwas gut finden, was Erwachsene von ihnen verlangen.

Das Gegenteil von gut ist halt doch oft nur gut gemeint. Dieses Kapitel soll also ein Plädoyer für ehrliche Toleranz sein, dafür, alle Menschen wirklich und ohne Vorbehalt erstmal zu akzeptieren, seien sie dick, dünn, groß, klein, haarig, kahl, Sportfans oder Eisenbahnenthusiasten. Und damit wir uns wirklich bemühen, fangen wir mit der Toleranz bei den Menschen an, die uns am nächsten stehen: unseren Kindern.

Kinder müssen nicht perfekt sein

Denn mal ganz ehrlich: wie oft sind wir genervt von unserem eigenen Nachwuchs, weil er Wesensmerkmale zeigt, die uns einfach furchtbar auf die Nerven gehen und nicht zu unseren Vorstellungen vom perfekten Kind passen? Vielleicht sind Sie selbst sehr sportlich und würden am liebsten jedes Wochenende durch Wald und Flur rennen. Und Ihr Sohn? Wünscht sich eher mal einen Ausflug in ein richtig interessantes Museum und findet im Wald rumlaufen furchtbar öde. Vielleicht finden Sie

WIE

BEI

UNS

Schminken, Herausputzen und Fast Fashion ganz schrecklich, dagegen ist Natur pur für Sie der einzige Weg. Und die pubertierende Tochter? Interessiert sich mehr für Nude Looks als für Natur.

Aber auch eigentlich unwichtige Eigenschaften können uns oft auf die Palme treiben: die Trödelei beim Anziehen, das Aufschieben von Pflichten oder andererseits ein als übertrieben empfundener Perfektionismus, gerade wenn wir gerne mal fünfe gerade sein lassen würden. Da muss der Frühstückstisch am Wochenende bis zum i-Tüpfelchen perfekt gedeckt sein, sonst kriegt das Kind einen Wutanfall. Da darf das Toastbrot nicht in Dreiecke geschnitten, das Zimmer nicht umgestellt und kein anderer Weg zum Kindergarten genommen werden. Und samstags um fünf steht das Kind mit gepackter Schultasche in der Schlafzimmertür ...

Wir aber wünschen uns ein nach unseren Vorstellungen perfektes Kind, das zu jeder Minute genau das tut, was wir gern hätten. Dass das Kind ein eigenständiges Wesen mit eigenem Willen ist, scheinen viele Eltern manchmal schwer akzeptieren zu können. Wir erwarten, dass unsere Kinder sich wie alle anderen Kinder verhalten, weil heutzutage der durchnormierte Mensch Standard geworden ist. Dicke müssen dann gefälligst abnehmen, Dumme sich bilden, Unsportliche trainieren und Mädchen sich ausschließlich für Pferde und Feen interessieren. Dass dabei viele fantasievolle, querdenkende und interessante Charaktere auf der Strecke bleiben, merken wir oft erst dann, wenn das Kind anfängt, in der Schule zu versagen, sich zurückzuziehen, als Teenager schrecklich rebelliert oder insgesamt »verhaltensauffällig« wird. Denn nicht nur wir wollen so angenommen werden, wie wir sind, auch unsere Kinder haben ein Recht darauf.

Gerade Kinder mit Verhaltensauffälligkeiten brauchen ein verständnisvolles Zuhause. Dass das nicht immer leicht fällt, ist klar, schließlich können hyperaktive Kinder oder Kinder, die bei Veränderungen geradezu allergisch reagieren, ganz schön anstrengend sein. Ihnen dann das Leben mit Vorwürfen schwer zu machen, ist aber kontraproduktiv und führt so gut wie nie zu einer Verhaltensänderung.

Schließlich kommt ein Baby nicht als weiße Leinwand auf die Welt, auf der man nach Lust und Laune sein Idealkind pinseln kann. Das merken Sie spätestens dann, wenn Sie das zweite Kind bekommen, das – trotz gleicher Erziehung – völlig andere Wesensmerkmale entwickelt. Sie können nun verzweifeln und versuchen, die Kinder auf Biegen und Brechen einem allgemeinen Standard anzupassen. Oder aber Sie akzeptieren, wie sie sind, und nehmen hin, dass sie eben nicht der Norm entsprechen. Dass das schwerfällt, weiß ich aus eigener Erfahrung. Aber man kann lernen, die Eigenschaften der Kinder hinzunehmen wie das Wetter, und das Beste daraus zu machen. Wie bei anderen Dingen hilft dann vor allem: diplomatisches Geschick und große Kompromissbereitschaft, die Sie selbstverständlich auch einfordern dürfen. Und Geduld!

Ist Ihr Kind aber eines von denen, die immer draufhauen und andere mobben, dann haben Sie fast noch eine größere Aufgabe vor sich, denn verletzendes Verhalten ist nicht akzeptabel. Viel reden hilft, aber nicht nur. Versetzen Sie Ihr Kind in die Lage des Außenseiters, suchen Sie Kontakt zu dem gemobbten Kind und verlangen Sie von Ihrem Nachwuchs eine ernst gemeinte Entschuldigung. Meistens ist es Kindern, zumindest im Grundschulalter, noch relativ peinlich, bei einem anderen Kind zu klingeln und

LIEBEN WIR UNSERE KINDER, WIE SIE SIND, DANN WERDEN WIR VIELE POSITIVE EIGENSCHAFTEN AN IHNEN ENTDECKEN.

SCHWIERIGE SITUATION

sich zu entschuldigen. Einen schnell geschmierten Zettel oder ein von der Lehrerin abgerungenes »Tschuldigung« ist nie so effektiv wie der Gang zur Tür des Gepeinigten, der Kontakt mit dessen Eltern und der Entschuldigung vor aller Augen. Das klingt natürlich hart, aber am wichtigsten ist, dass Sie als Eltern dahinterstehen und Ihrem Kind deutlich machen, dass Sie bei diesem Thema nicht zurückweichen werden. Gleichzeitig ist es wichtig, dass das mobbende Kind dabei nicht gedemütigt wird, sondern der Alltag relativ schnell wiederhergestellt wird. Definiert sich ein Kind als Schläger und Haudrauf der Klasse, hat man fast schon verloren.

Bringen die Maßnahmen nichts, läuft die Lage aus dem Ruder, kommen immer wieder Anrufe von der Schule, empfehle ich, Rat von außen zu suchen. Der Kinderarzt Ihres Vertrauens ist sicherlich die erste Anlaufstelle, er wird Sie dann an die entsprechenden Fachleute überweisen. Manchmal sind die Gründe, aus denen ein Kind zum Mobber wird, ganz lapidar: Vielleicht ist nochmal eine kleine Schwester oder ein kleiner Bruder dazugekommen, vielleicht lassen Sie sich gerade scheiden oder die Oma ist vor kurzem gestorben. Verunsicherte Kinder mobben. Das ist auch schon bei Kindergartenkindern im Kleinkindalter zu beobachten, die – weil der Sprache noch nicht so mächtig – anfangen zu beißen, wenn sie mit einer Situation nicht klarkommen.

Manchmal steckt aber auch mehr dahinter, und damit muss heutzutage zum Glück niemand mehr alleine klarkommen. Wichtig ist, dass Sie mit der Schule kooperieren. Natürlich denken wir Eltern immer, dass unser Kind das unschuldige, liebe Wesen ist, dem mit Sicherheit Unrecht getan wurde. In solchen Situationen bietet es sich aber an, mit den Lehrern zu kooperieren und sich deren Sicht der Dinge unvoreingenommen anzuhören, darauf einzugehen und bei Disziplinarmaßnahmen mitzuziehen. Auch wenn Sie innerlich anderer Meinung sind: Versuchen Sie höflich zu bleiben. Denn Ihr Benehmen und Ihre Bereitschaft, offen mit den Lehrern zu reden, haben besonders in solchen Situationen immer direkten Einfluss darauf, wie die Lehrer in Zukunft Ihrem Kind begegnen.

Eigenheiten annehmen

»ICH FINDE FUSSBALL TOTAL DOOF« – BESTÄRKEN SIE IHR KIND, GANZ ES SELBST ZU SEIN. DAS IST ZWAR EIN MÜHSAMER WEG, ABER ER LOHNT SICH.

Sie sind schon der toleranteste Mensch, den Sie kennen, und nehmen Ihre Familie mit all ihren Macken liebend an? Gratulation, dann ist schon der halbe Weg geschafft. Das Problem, frei nach Sartre, sind aber natürlich immer die anderen. Denn auch wenn wir als Mutter oder Vater die Eigenheiten unseres Kindes akzeptieren oder sogar lieben, sieht dies das soziale Umfeld des Kindes leider oft anders. Spätestens im Kindergarten wird der Druck größer, die Sehnsucht, sich angepasst zu verhalten, steigt, die Verzweiflung, einfach anders zu sein ebenfalls. Kaum ein Kind traut sich von sich aus, selbstbewusst für seine Sache einzustehen. Wenn alle Mädchen im Freispiel Pferd spielen, wird kaum ein Kind sagen: »Ich finde Pferde aber doof.« Wenn alle Jungen in der Pause kicken und der eigene Sohn lehnt den Ballsport kategorisch ab, dann steht er schnell im Abseits.

So leiden Kinder mit außergewöhnlichen Hobbys oder Interessen, die nicht mit der – übrigens heftig von der Werbeindustrie geförderten – Elfen-Fußball-Einteilung mitmachen, unter dem Unverständnis und eventuell sogar der Ausgrenzung durch andere. Das wird mit zunehmendem Alter erstmal oft schlimmer, gerade unter Jugendlichen ist normgerechtes Verhalten gewünscht. Was die Norm ist, legt die Masse der Jugendlichen fest. Ein Mädchen, das gerne Fußball spielt, anstatt sich mit Shoppen zu beschäftigen, fällt oft ebenso bei ihren Klassenkameradinnen durch wie ein Junge, der lieber Schach spielt oder näht, als stundenlang Playstation zu zocken. Oft passiert dann das, was sich die Masse wünscht, aber im Hinblick auf den späteren Lebensweg wenig erstrebenswert ist: Die Kinder legen ihre Einzigartigkeiten ab oder leben sie nur noch im Verborgenen aus, um nicht anzuecken.

Was erstmal wie eine akzeptable Überlebensstrategie klingt, ist aber eigentlich schade: Denn später im Leben zählen eher die Menschen, die herausragende Alleinstellungsmerkmale haben und nicht mit der Masse mitgeschwommen sind. Das fängt schon mit der Frage nach Hobbys bei Vorstellungsgesprächen für Lehrstellen an – Playstation 4 als einziges Hobby spricht für den Ausbilder nicht gerade für einen weiten Horizont. Auch Fähigkeiten, die durch ein ungewöhnliches Hobby erworben wurden, sind später oft gefragt, sei es handwerkliches Geschick oder Durchhaltevermögen. Charaktereigenschaften wie Fleiß – sehr uncool bei Jugendlichen – oder ausgeprägte Fantasie und Querdenkertum können später im Berufsleben meist eher nützen als schaden, vor allem, wenn man gelernt hat, mit seinen Eigenheiten umzugehen. Was können wir also tun, wenn wir merken, dass unser Kind an seinen besonderen Charaktereigenschaften leidet? Wenn es sich ausgegrenzt und minderwertig fühlt, weil es nicht wie alle anderen ist?

Nehmen Sie Ihr Kind so an, wie es ist, und bestärken Sie es in seinen Interessen und Begabungen – das tut ihm gut.

Wie können wir unsere Kinder stärken?

Als Erstes sollten natürlich Sie vorbehaltlos die Stärken, Talente und Charaktereigenheiten Ihrer Kinder pflegen und fördern, außer sie sind wirklich unangenehm wie ausgeprägter Neid, Zorn oder Eifersucht.

GUTE IDEE

Spielen Sie mit dem schachbegeisterten Jungen eine Partie und lernen Sie das Spiel mit, anstatt ihn in einen Fußballverein zu zwingen. Bringen Sie der Tochter Programmieren bei oder finden Sie jemanden, der das tut, wenn sie sich mehr für die geheimnisvolle Welt der Codes als für Pokémon Go interessiert. Wenn sich Ihr Kind minderwertig und nutzlos fühlt, hilft eine gemeinsame Auflistung aller Talente: Was findet Ihr Kind an sich gut? Diese Liste kann Ihr Kind dann über den Schreibtisch hängen, immer wieder ergänzen und begutachten. In Momenten der Selbstzweifel kann sie Halt geben.

Versuchen Sie dem Trend, vereinheitlichte und normgerechte Kinder zu bevorzugen, zu widerstehen. Auch körperliche Eigenheiten sollten Sie unbedingt sensibel besprechen. Oft hilft es für die Akzeptanz des eigenen Körpers, in der Familiengeschichte zu forschen und festzustellen, von wem man die großen Ohren, den langen Hals oder die breiten Füße geerbt hat. Auch der Verweis auf bekannte Persönlichkeiten, die nicht dem Standard entsprechen, kann helfen. Aber egal, wie viel wir zu Hause auch bestärken, lieben und fördern: Es wird der Tag kommen, an dem Ihr Kind wegen seiner Eigenarten gehänselt wird. Und hier gilt es, ein wachsames Auge auf die Situation zu behalten, damit Sie merken, wenn normale Hänseleien in handfestes Mobbing und Ausgrenzung umschlagen.

Was tun gegen Mobbing?

Bei Mobbing ist ein Eingreifen von außen leider nötig, wenn auch das Vorgehen genauestens mit der Schule abgesprochen werden muss. Zum Thema Mobbing und Mobbingprävention gibt es viele gute Ratgeber im Netz und mit viel Glück eine Schulsozialarbeiterin oder einen Schulsozialarbeiter, die Sie oder Ihr Kind vertraulich ansprechen können. Mittlerweile sind zumindest die Grundschulen für dieses Thema sensibilisiert und schreiten rasch ein.

Cybermobbing unter Teenagern steht auf einem anderen Blatt und ist eine der beängstigenden Entwicklungen der letzten Jahre. In diesem Alter können Erwachsene Kinder kaum noch beeinflussen und die weite Welt von Facebook, Snapchat, WhatsApp usw. unterliegt kaum noch unserer Kontrolle. Cybermobbing ist kein Spaß mehr und verlangt nicht nur Fingerspitzengefühl, sondern auch hartes Eingreifen der Schulleitung und, zeigt sich diese nicht kooperativ, leider der Polizei. Ein gutes Präventionsprogramm findet sich in dem Buch »Cybermobbing. Wenn das Internet zur W@ffe wird« von Dr. Catarina Katzer, erschienen im Springer Verlag.

NUR FÜR ELTERN

KÖNNEN SIE MIT DEN EIGENARTEN IHRES PARTNERS UMGEHEN?

Mir fällt in dem Zusammenhang sofort die gute, alte, falsch ausgedrückte Zahnpastatube ein. Mit den weichen Plastiktuben von heute ist dieses kleine Problem zwar gelöst, die tausend Beiträge in Online-Foren (immer noch eine Frauendomäne) sprechen aber immer noch von »Hilfe, mein Mann ist ein Chaot«, »Er will immer nur daddeln«, »Er ist zu streng mit den Kindern« bis hin zu »Ich muss ständig alles aufräumen, weil mein Mann es gerne ordentlich hat« – klares Indiz für kollidierende Herangehensweisen an die Themen Ordnung, Kindererziehung und Freizeitgestaltung. Sie könnten sich darüber jeden Tag zoffen – ein Garant für ein wenig harmonisches Familienleben. Oder aber Sie versuchen, ein bisschen toleranter zu sein. Gemeinsam.

FÜR EIN ENTSPANNTERES ZUSAMMENLEBEN

Weltoffenheit und TOLERANZ

KÖNNEN WIR UNS AUCH BEIM ESSEN AUF ETWAS EINLASSEN, DAS NICHT UNSEREN GEWOHNHEITEN ENTSPRICHT? PROBIEREN SIE DIESES REZEPT EINFACH MAL AUS –EINE ETWAS UNKONVENTIONELLE ART, UM ERNTEDANK, THANKSGIVING ODER HALLOWEEN ZU FEIERN.

Cola-Braten mit Kürbis-Scones

Ihre Kinder werden begeistert sein, was man aus Cola alles kochen kann. Und das Beste: Alles kann parallel im Ofen gegart werden – das spart Energie!

für 6–8 Personen
2½ Stunden + 12 Stunden zum Marinieren

2 kg Schweinbraten von Schulter oder Nacken
500 ml Bio-Cola
2 Nelken
1 TL Zimt
Salz
Pfeffer
1 EL Ghee

250 g Weizenmehl Type 1050
75 g brauner Zucker
50 g feine Haferflocken
1 TL Zimtpulver
2 TL Backpulver
1 Prise Salz
110 g weiche Butter
100 g Kürbispüree
1 Ei
3 EL Sahne
1 TL echte Vanille

Braten in Cola und Gewürzen über Nacht marinieren. Zwischendurch wenden. Braten aus der Marinade nehmen und in einem Bräter von allen Seiten in etwas Ghee anbraten. 250 ml von der Marinade zugießen und einkochen lassen. Den Ofen auf 200 °C Umluft vorheizen. Deckel auf den Bräter geben und den Braten 1 Stunde im Ofen garen lassen. Danach etwas Marinade nachgießen und wieder 1 Stunde garen lassen. Braten herausnehmen, ruhen lassen und den Rest der Marinade als Sauce aufkochen. Braten mit Sauce im Bräter warmstellen. Während der Braten gart, die trockenen Zutaten für die Scones gut vermengen. Butter mit Kürbispüree, Ei und Sahne aufschlagen und die Vanille unterheben. Nach und nach die trocknen Zutaten mit der Ei-Butter-Kürbis-Masse verkneten. Den Teig zu einem flachen Rund formen und in acht gleich große »Tortenstücke« teilen. Auf ein Blech mit Backpapier legen und bei 200 °C ca. 20 Minuten backen. Scones buttern und eine dicke Scheibe Colabraten mit Sauce dazu servieren.

DAS PASST DAZU: Rotkrautsalat oder gerösteter Rosenkohl

KÜRBIS SCONES

Hütten für Trolle und FEEN

NICHT NUR WIR MENSCHEN HABEN VIELFÄLTIGE EIGENARTEN, CHARAKTERE ODER PHYSIOGNOMIEN. AUCH DIE FANTASYWELT IST VOLLER VERRÜCKTER INDIVIDUEN.

Fantasygeschichten sind ein schöner Rückzugsort für Kinder, die selbst aus der Art schlagen, spitze Ohren oder lange Finger haben. Die Fabelwesen unserer Fantasie haben viele wichtige Bedürfnisse, so brauchen Trolle und Baumwesen unbedingt tolle Hütten. Und weil es im Spätsommer bzw. Herbst immer am schönsten im Wald ist, wenn die Sonne nicht mehr knallt, aber noch wärmt, die Mücken sich endlich in den Winterschlaf zurückgezogen haben und alles so schön bunt ist, machen wir einen langen Ausflug in den Forst. Weil es dann genügend buntes Laub, Baumfrüchte und vertrocknete Blumen gibt, bauen wir daraus kleine Überwinterungshütten für Trolle, Feen, Baumwesen oder was uns sonst so einfällt. Gemeinsam einen ganzen Tag lang planen, basteln und spielen – so ein schöner Herbsttag voller Sonne und würzig duftender Luft tut uns allen gut.

Für einen Ausflug zum Hüttenbauen benötigen Sie wenig Ausrüstung, Baummaterial ist schließlich reichlich vorhanden. Kinder können sogar ganz alleine ohne jegliche Anleitung kleine Unterstände aus Stöcken bauen. Wer eine etwas langlebigere Hütte herstellen will, sollte ein Taschenmesser, ein paar Stücke Strick, eine feste Kordel und dünnen Draht mitnehmen. Wichtig: keine Kunstfasern, Plastik oder Ähnliches verbauen, da das in hundert Jahren nicht verrottet, auch wenn die Hütte schon längst zerfallen ist.

FÜR WEN BAUEN WIR? Gemeinsam überlegen wir, welcher Fantasyfigur wir eine kleine Heimat bauen wollen. Soll es vielleicht ein Waldgeist sein? Oder die Baumstumpfhexe, die in unseren Geschichten immer wieder Schabernack treibt? Oder ein Troll? Vielleicht gibt es auch Monster, die unter dem Bett wohnen und in den Wald umziehen sollen, damit Ihr Kind wieder in Ruhe schlafen kann? Machen Sie eine Märchenstunde daraus, erzählen Sie, wie die Figur aussieht, was sie kann. Mit Wasserfarben oder Wachsmalstiften können Ihre Kinder Bilder der Fabelwesen malen. Sehr einfach ist es, einen Waldgeist aus einem dreifach gegabelten Stock herzustellen: Zwei der Gabeln sind die Arme und die dritte Gabel ist der Kopf bzw. der Hals. Bunte Wollreste aus Schafswolle, Filzwolle oder Blättern können schnell zu Kleidung umfunktioniert werden.

WO BAUEN WIR UNSERE HÜTTEN? Am besten geeignet ist ein etwas größeres Waldstück mit einer Lichtung nicht zu nahe am Weg, damit andere Kinder oder Hunde das Bauwerk nicht sofort wieder zerstören. Geheimnisvolle Ecken im Unterholz, grün bemooste Lichtungen, das Ufer eines kleinen Teichs oder Flüsschens – die Fabelwesen wollen natürlich eine schöne Umgebung haben. Damit Sie auch wieder zu Ihren Hütten zurückfinden, können Sie vom Ort und Weg dorthin Fotos machen oder

Wenn es im Herbst kühler wird, bauen wir für Zwerge, Trolle, Elfen und Baumgeister gemütliche Überwinterungshütten.

die Hütten in der Karte aus dem Orientierungslauf (Seite 94) eintragen.

WIE BAUEN WIR DIE HÜTTEN? Am einfachsten ist es, einen schönen Baumstamm mit eventuell sogar einer kleiner Höhle in der Baumwurzel zu suchen und dann Äste zu sammeln, die Sie ringförmig an den Baum lehnen, um so einen Unterstand zu bauen. Diese Version ist vor allem für kleinere Kinder geeignet, die mit Stöcke suchen und aufschichten lange zu beschäftigen sind. Außerdem schulen sie so ihre Motorik, weil das Bauen wie eine Art umgekehrtes Mikado funktioniert. Die Kinder können die Hütten noch mit buntem Laub abdecken und den Eingang mit weichem Moos polstern. Schöne Steine, leere Schneckenhäuser, Eicheln, Rindenstücke und Baumpilze verzieren den Eingang oder bilden einen schönen Vorgarten. Eine etwas schwierigere Version, aber für große Kinder gut geeignet, ist eine Hütte mit einem Dreibein als Grundgerüst. Sie benötigen drei gleich lange, etwas dickere Äste. Einer davon sollte am Ende eine kleinere Astgabel haben. Nun lehnen Sie, am besten zu zweit, die drei Äste aneinander, sodass sie ein relativ stabiles Dreibein bilden.

TASCHENMESSER NICHT VERGESSEN!

Winden Sie dann eine Kordel mehrfach um die einzelnen und dann um alle Äste zusammen und sichern Sie das mit einem festen Knoten.

Drücken Sie dann das Dreibein gut in den Boden, damit es fest steht. Im weichen, feuchten Waldboden, sollte das kein Problem sein. Ist der Boden ausgetrocknet, können Sie mit einem anderen Stock kleine Löcher vorbohren. Nun können Sie dünnere Äste in die Seiten einflechten. Am besten funktioniert das mit dünnen Ästen von Weiden- oder Haselbüschen. Als Abdichtung legen Sie Tannenreisig oder gebündeltes Gras oder Stroh auf. Wenn die Hütten einigermaßen fest sind, dekorieren Sie sie mit Blättern, Blumen, Bucheckern, Kastanien usw. Natürlich können Sie die Hütte auch so groß bauen, dass ganz große »Trolle« später immer wieder darin spielen können.

WARUM NICHT EIN GANZES DORF BAUEN? Viele Kinder zusammen können auf einer Lichtung auch ein kleines Trolldorf bauen. Die Hütten sollten dann nicht zu groß sein, eher kniehoch, sonst dauert es zu lange. Außerdem könnte dann sogar mitten im Wald das Baummaterial knapp werden. Für Trollhütten sollten Sie nur herabgefallene Äste verwenden. Bitte nicht mit Axt und Säge die vereinigten Hüttenwerke eröffnen – das gibt Ärger mit dem Förster und ist schade um die Bäume.

GUTE IDEE

FOTOS UND PICKNICK MACHEN Auch wenn die Hütten stabil sind, gibt es keine Garantie, dass sie beim nächsten Besuch noch stehen. Andere Kinder, Hunde und – zumindest bei uns – Wildschweine können gelegentlich alles einreißen. Damit Sie eine Erinnerung an den Tag und die schönen Hütten haben, sollten Sie auf jeden Fall Fotos machen, vielleicht auch mit Bildern der »Bewohner« oder gebastelten Figuren.

Nach getaner Arbeit gibt es natürlich Früchtetee und Kaffee aus der Thermoskanne, kleine Sandwiches, Kekse und Obst als Picknick für alle Baummeister.

Färben mit
Naturmaterialen
Färbepflanzen:
Rote Bete, Rotkraut,
schwarzer Tee,
Kamille, Brennnessel

BASTELN IM HERBST

Die Welt ist KUNTERBUNT

NICHT NUR DIE MENSCHEN UND IHRE EIGENSCHAFTEN SIND BUNT UND VIELFÄLTIG. AUCH AUS DER NATUR KOMMEN VIELE SCHÖNE FARBEN, DIE SIE ZU HAUSE VERWENDEN KÖNNEN. FÄRBEN SIE DOCH MAL STOFFRESTE SELBST, UM DIE KRAFT NATÜRLICHER ZUTATEN KENNENZULERNEN.

Färben mit Naturmaterialien

Aus den gefärbten Stoffen können Sie Wimpelketten, Puppenbettzeug oder Kostüme herstellen. Im Frühling lassen sich auf diese Art auch Ostereier färben.

alte Mullwindeln ohne Druck oder unbedruckte Stoffreste
Alaun aus der Apotheke
2 große Töpfe
Färbepflanzen, z.B. Rote Bete, Rotkraut, schwarzer Tee, Kamille, Brennnesseln
Handschuhe

➤ Mullwindeln gründlich waschen. Den trockenen Stoff wiegen und 15% des Gewichts an Alaun in einen großen Topf geben. Achtung: Alaun kann Hautreizungen hervorrufen. Unbedingt Handschuhe tragen und diesen Arbeitsschritt nicht die Kinder ausführen lassen. ➤ Alaun und Wasser (pro 10 g Alaun 250 ml Wasser) mischen und den Stoff mehrere Stunden in die Beize legen, damit später die Farben besser halten. ➤ Damit die Farben intensiv werden, vom Volumen her etwa so viel Färbematerial verwenden wie Stoff. Je Farbe einen großen Topf mit heißem Wasser ansetzen und die Pflanzenteile mindestens 2 Stunden sieden lassen. ➤ Die Stoffe in der Zwischenzeit aus der Beize nehmen und ausdrücken. Auch hierbei Handschuhe tragen! ➤ Die gebeizten Stoffe in den Färbersud geben und kurz aufkochen. Dann die Platte ausschalten und die Stoffe ein paar Stunden, am besten sogar über Nacht ziehen lassen. Zwischendurch immer mal wieder mit einem Holzstock durchrühren, damit alle Stoffteile gleichmäßig gefärbt werden. ➤ Die fertigen Stoffe gut ausdrücken, trocknen lassen und zum Fixieren einmal bügeln.

VARIANTE: Wenn Ihnen das Hantieren mit Alaun zu aufwendig ist, können Sie den Stoff auch ohne vorheriges Beizen färben. Die Farben werden dann allerdings weniger intensiv und haltbar.

BRUMAIRE

[bʁymɛʁ]

DER NEBELMONAT

Wir besiegen den herbstlichen Budenkoller und lernen, konstruktiv zu streiten. Wir klettern über Tische und Stühle, basteln eine Biosphäre im Gurkenglas und backen am Ende des Tages eine Familienfriedenspizza.

22. OKTOBER BIS 20.NOVEMBER

Stubenhocker-WETTER

NEBLIGES, DUNKLES HERBSTWETTER. WIR KÖNNEN NICHT RAUSGEHEN UND HOCKEN UNS IN DER WOHNUNG AUF DER PELLE. DA KNALLT ES DANN MANCHMAL.

»Inversionswetterlage«, sagt der Radiosprecher von Bayern 3, und ich weiß genau, was das bedeutet: tagelang nichts als Nebel, kein Sonnenstrahl, sondern frostiges Halbdunkel. Nach ein paar Tagen hat man das Gefühl, nie wieder die Sonne sehen zu dürfen, ist genervt vom ständigen Budenhocken. »Na prima« denke ich und gehe nach oben, um Lateinvokabeln zu üben. Was soll man sonst bei diesem Sauwetter tun? Passt auch zu meiner Laune. Ein Blick aus meinem Fenster zeigt zartes Hellgrau vor dunklerem Himmelsgrau. Ich öffne die Tür und mache sie gleich wieder zu, denn herein kommt eine eiskalte, feuchte Luft, die einem sofort in die Knochen kriecht und mit dem Gestank von Heizungsabgasen vermischt ist. Nachdem diese Wetterlage schon fünf Tage anhält, hängt auch der Haussegen schief. Tagelang hocken wir schon aufeinander und können nicht nach draußen gehen – oder wenn nur für wenige Minuten. Das fordert seinen Tribut. Am Wochenende, bevor wir alle die Nerven verlieren, gibt mein Vater die Parole »Hochfelln« aus. Wir ziehen uns warm an, steigen in die dicksten Stiefel und ins Auto und fahren an den Fuß des Berges in den Chiemgauer Alpen. Wir lösen ein Ticket für die Bergbahn und steigen in die nächste Gondel. Erstmal fahren wir durchs Nieselgrau, dann durch dicken Nebel, eine weiße Wand, die alles schluckt: die Umrisse der Bäume, die Geräusche, jedes Licht. Dann plötzlich wird es heller. Alle sonnenhungrigen Fahrgäste halten die Luft an. Schließlich bricht die Gondel durch die Wolken und wird in gleißendes Licht getaucht. Die Sonne! Oben angekommen spüren wir endlich wieder warme Strahlen auf unseren Gesichtern. Nach einer Spazierrunde um den Gipfel, einer großen Portion Kaiserschmarrn und heißer Schokolade steigen wir gestärkt in die Gondel und fahren wieder hinunter, zurück ins dunkle Novembergrau.

Budenkoller

Wer kennt das nicht: Es ist zähes, nebliges Novemberwetter, die Kälte ist ekliger als im tiefsten Winter, die Kinder sind nervös und aufgekratzt, die Eltern müde und gereizt. Es wird einfach nicht richtig hell, den ganzen Tag schwankt man zwischen Heizung hochdrehen, weil es einen fröstelt, und Fenster aufreißen, weil man im Haus zu ersticken droht. Eine explosive Mischung, zumindest für den Familienfrieden. Denn was die ersten paar Tage noch gemütlich wirkt, kann nach einer Woche nicht mehr mit Kerzen, Teestündchen oder warmen Bädern weggeredet werden. Budenkoller! Und selbst wenn man den Rat der Mediziner befolgt und trotzdem rausgeht: So richtig hilft das nicht. Es ist einfach etwas anderes, im Sonnenschein oder bei schnell dahinhuschenden Wolken draußen zu sein als unter diesem drückenden Himmel, unter dem die Vögel schweigend in den Büschen hocken und Krähen unheilschwanger über tote Felder hüpfen.

Zu viel Energie, zu wenig Bewegung – und schon ist der Streit vorprogrammiert.

Meistens fängt der Budenkoller eher harmlos an: Die Kinder bewegen sich zu wenig, haben zu viel Energie und die nötige Menge an Langeweile, um einen handfesten Geschwisterstreit als einzige Spielmöglichkeit zu erkennen und anzuzetteln. Während derartige Stimmungen erstmal noch mit dem raschen Einsatz von unterhaltsamen Fernsehsendungen oder einem netten Computerspiel unterbunden werden können, ist nach ein paar Tagen der Point of no return erreicht, wenn selbst die mediale Stimulation nur noch ein nervöses Kribbeln im Kopf und später Wutausbrüche im Kinderzimmer hervorruft. Wenn Sie dann – selbst völlig am Ende – nicht die nötige Nervenstärke zeigen, bricht meistens ein handfester Streit vom Zaun, der über die Maßen eskaliert.

Wie steht es um unsere Streitkultur?

Das enge Aufeinanderhocken und die daraus entstehenden Reibereien bieten einen guten Anknüpfungspunkt, um unsere Streitkultur ein wenig zu reflektieren. Wie reagiere ich auf diese eingeengte Situation? Wie lebe ich meine schlechte Laune, meine Reizbarkeit, meine Unbeherrschtheit aus? Grundsätzlich bin ich zwar der Meinung, dass Kinder ruhig mitbekommen sollen, wenn Mama oder Papa mal der Hut hochgeht. Es tut schließlich gut zu wissen, dass die eigenen Eltern auch nur Menschen sind und dass man es vielleicht doch zu weit getrieben hat. Diese Momente des Ausbruchs sollten Sie aber klug wählen und sparsam einsetzen – also dann, wenn es wirklich einen Grund gibt, gepflegt an die Decke zu gehen. Sonst nutzen sie sich schnell ab. Aber leider ist es doch oft so, dass wir schon wegen Kleinigkeiten einen sehr aggressiven Ton anschlagen. Das überträgt sich dann auch auf unseren Nachwuchs, der es bestenfalls an den Kinderzimmermöbeln oder am Spielzeug, schlimmstenfalls aber an der kleinen Schwester oder dem großen Bruder auslässt. So oder so: Der Ton macht die Musik. Wenn wir unsere Kinder anschreien, werden sie zurückschreien, wenn wir die Türen zuschlagen, werden auch sie vergessen, dass Türen Klinken haben, wenn wir mit Beschimpfungen um uns werfen, werden auch wir beschimpft werden. Wie aber können wir eine interfamiliäre Streitkultur etablieren, die das Ausmaß an Wut und Ärger möglichst klein hält? Wie verhalten wir uns bei Geschwisterstreitigkeiten richtig?

GUTE IDEE

Die Kinder streiten ständig um Spielzeug

Mit dauernden Ermahnungen »Ihr müsst auch teilen«, »Das hatte Anton zuerst« oder »Du kannst ja auch mal was abgeben« erreichen wir meistens nur eins: Alle, Kinder wie Eltern, sind total genervt, der Konflikt eskaliert, alle sind sauer. Hier lohnt es sich, zu beobachten, warum der Streit überhaupt ausgebrochen ist. Greifen Sie nicht sofort ein, sondern geben Sie erstmal den Kindern die Chance, den Konflikt selbst zu lösen. In diesem konkreten Fall gilt: Das Kind, dem das Spielzeug gehört, hat das Recht, das Teilen abzulehnen. Wird das aber aus purer Lust am Ärgern getan und das Streitobjekt liegt fünf Sekunden später unbeachtet in der Ecke, können Sie auf dem Teilen bestehen. Sind beide Kinder nicht bereit, die Entscheidung des anderen zu akzeptieren, und suchen immer wieder den Konflikt, ziehen Sie das Streitobjekt aus dem Verkehr.

NEUTRAL BLEIBEN

Ein Kind fühlt sich ungerecht behandelt

Gehen Sie immer neutral in jede Streitsituation, auch wenn Sie eines der Kinder verdächtigen, den Konflikt angezettelt zu haben. Das dadurch entstehende Gefühl von Bevorzugung oder Konkurrenz zwischen Geschwistern kann die Beziehung nachhaltig stören. Die neutrale Frage: »Was ist hier los?« ist daher meistens ein guter Einstieg. Jedes Kind darf, ohne Unterbrechung oder Zwischenrufe von Eltern oder Geschwistern, seine Seite der Geschichte schildern. Strahlen Sie dabei die nötige Ruhe aus und hören Sie ohne sichtbare Reaktion beide Versionen des Streits an. Natürlich ist das leichter gesagt als getan, besonders wenn Sie zum wiederholten Mal bei wichtigen Arbeiten oder auch bei einem angeregten Gespräch von Gestreite und Geheule aus dem Kinderzimmer gestört werden. Tief durchatmen und bis zehn zählen, bevor Sie zu Ihren Kindern gehen, hilft etwas. Und – das liest sich wie ein Strategiepapier von Militärs: Sie sind nun mal der Blauhelm fürs Kinderzimmer.

GAR NICHT SO LEICHT

Die Suche nach Aufmerksamkeit

Vergessen Sie nicht: Streit kann, gerade bei kleineren Kindern, auch immer eine Suche nach Aufmerksamkeit sein. Ist ein Kind also der Meinung, Sie würden sich zu wenig um es kümmern und es schafft es auch nach mehrmaligen friedlichen Versuchen nicht, dass Sie sich mit ihm beschäftigen, wird es leider auf die Variante Streit zurückgreifen. Lassen Sie sich hier nicht den Willen des Kindes aufzwingen. Rasche Streitschlichtung, ggf. mit räumlicher Trennung der Kinder, und Rückkehr zu Ihren eigenen Tätigkeiten ist hier ganz wichtig. Sonst schleift sich »Aufmerksamkeit durch Streit« bei Ihren Kindern als Prinzip ein. Trennen der Kinder heißt: »Teile und herrsche«, frei nach dem politischen Regierungsprinzip von Macchiavelli: »Divide et impera«, in dem Gruppierungen in Untergruppen aufgespalten werden, um sie leichter regieren zu können. Das klingt doch auch als Erziehungsprinzip ziemlich ansprechend, oder? Die Kinder kommen dann jeder in sein eigenes Zimmer oder, wenn die Räumlichkeiten etwas beengt sind, in Kinderzimmer und Elternschlafzimmer, und dürfen nicht mehr gemeinsam »spielen«. So können sie sich auch nicht mehr in die Wolle kriegen. Natürlich ist das nicht immer leicht durchzusetzen und erstmal mit Rennerei verbunden. Was unsere Kinder aber hier vor allem lernen sollen: »Wir werden unsere Tätigkeiten nicht unterbrechen, wenn ihr euch streitet, um unsere Aufmerksamkeit zu erlangen.« Dabei gibt es dieses Verhalten natürlich nicht nur bei mehreren Kindern. Einzelkinder haben zwar keine Geschwister, mit denen sie sich streiten können, dafür aber Eltern. Also werden sie versuchen, Konflikte auszulösen, um mehr Aufmerksamkeit zu bekommen. Lassen Sie sich nicht provozieren!

Um alles wird gezofft

Einer der besten Ratschläge, die ich im Zusammenhang mit Streitkultur bekommen habe, war: Streite nur über die wirklich wichtigen Dinge. Überlegen Sie also vor jedem Konflikt erstmal, ob es sich wirklich lohnt, jetzt einen handfesten Krach zu provozieren, oder ob es nicht möglich ist, die Situation mit etwas Humor zu entschärfen. Das betrifft vor allem leidige Streitpunkte wie das Aufräumen, das Zubettgehen am Abend, das Anziehen frühmorgens oder das Zähneputzen. Ein kleiner Witz, Spielsachen, die vor dem Aufräumbagger fliehen, das Anziehmännchen, bei dem die Kleidungsstücke in der richtigen Reihenfolge auf dem Boden liegen, oder aber die Zahnbürste, die verzweifelt zwischen den Zehen nach den Zähnen sucht, lockern die Stimmung auf und führen wahrscheinlich zum Erfolg. Wenn aber auch mit Humor nichts mehr zu erreichen ist und Ihr Kind sich ausweglos in seiner Wut verfangen hat, dann hilft oft nur eins: Gehen sie kurz weg, sagen Sie, dass Sie wiederkommen, wenn der Anfall vorüber ist, und beruhigen Sie sich erstmal selbst.

AUSPROBIEREN!

Gehen Sie lieber früher als später aus so einer Diskussion heraus, damit sie gar nicht erst eskalieren kann. Das ist natürlich nicht immer einfach, besonders, wenn der Wutanfall an der Supermarktkasse stattfindet. Wenn dann Ablenken und Zum-Lachen-Bringen nicht mehr hilft, müssen Sie selbst und die anderen Kunden das Geplärre und die Wut vermutlich aushalten. Was mich nicht davon abgehalten hat, schon mal völlig verschwitzt und gestresst die Hälfte des Einkaufs im Laden stehen zu lassen und nach draußen zu eilen. Zu Hause musste dann mein Kind feststellen, dass wegen seiner Raserei nur Gemüse und Brot in der Tasche waren und die Extras wie Schokolade leider im Laden bleiben mussten.

Ist Ihr Kind ein notorischer Wüterich beim Einkaufen, nehmen Sie es einfach nicht mehr mit. Nutzen Sie den Abend zum Einkaufen, gehen Sie in der Mittagspause los oder bestellen Sie die Lebensmittel bei einem Supermarkt mit Lieferservice. Auch das samstägliche Einkaufen kann gut ohne Kinder stattfinden, die vermutlich sowieso lieber im Schlafanzug Bauklötze bauen als mit Mama und Papa durch den Supermarkt zu schlurfen. Auch hier ist wieder »Teile und Herrsche« das Gebot der Stunde: Mama erledigt den Wocheneinkauf, während Papa sich mit den Kindern beschäftigt, oder andersherum. Mittags treffen sich dann alle wieder zu einem Topf dampfender Samstagsnudeln.

Wir haben uns in einen Konflikt verrannt

Mit älteren Kindern gibt es vor allem Streit um Schule, Hausaufgaben und Freizeitgestaltung. Keine einfache Sache, denn natürlich möchten wir, dass unsere Kinder erfolgreich, fleißig und lieb sind. Fragen Sie sich, weswegen die Hausaufgaben ein Kampf sind, und entscheiden Sie dann, welche Reaktion für Sie passt. Manchmal hilft es, das Kind einfach auflaufen zu lassen und ohne Hausaufgaben in die Schule zu schicken. Leider gibt es hier kein Patentrezept, aber eines ist immer richtig: Ruhe bewahren. Ich höre jetzt alle, die mich kennen, laut lachen, denn ruhig bleiben ist nie meine Stärke gewesen. Es hat immerhin drei Schuljahre gebraucht, bis ich die nötige innere und äußere Ruhe erworben habe, um dieses Thema nicht jeden Tag zum Streitpunkt werden zu lassen. Aber eines ist klar: Eskaliert die Situation zu oft, droht die Familie daran zu zerbrechen. Dann sollten Sie das Thema an Dritte abgeben. Mittlerweile bieten nicht nur Hort und Nachmittagsbetreuung, sondern auch Nachhilfeinstitute und soziale Einrichtungen sowie das Jugendamt Hilfe bei den Hausaufgaben an. Bevor Sie also endgültig die Beziehung zu Ihrem Kind beschädigen, weil Sie einfach nicht die nötige Nervenstärke für den täglichen Hausaufgabenkampf haben, vertrauen Sie das Thema lieber anderen an. Hier natürlich auch gern erstmal dem Partner.

STREIT ZU SCHLICHTEN IST GAR NICHT SO EINFACH. VERSUCHEN SIE RUHIG ZU BLEIBEN UND ALLE SEITEN ANZUHÖREN.

Konstruktiv STREITEN

STREITEN WILL GELERNT SEIN. MIT DEN RICHTIGEN TRICKS IST DAS GAR NICHT SCHWER UND HINTERHER IST KEINER BELEIDIGT ODER VERLETZT.

Manchmal sind ein Konflikt oder eine Diskussion unausweichlich und auch nötig. Denn es gibt immer Themen, bei denen wir uneinig sind und die nicht »weggespaßt« werden können. Wenn wir uns dann aber bereits an Kleinigkeiten aufgerieben haben, bleibt kaum noch Kraft für die wirklich wichtigen Streitpunkte. Wie wir uns damit und miteinander auseinandersetzen, ist jedoch von entscheidender Bedeutung für den Familienzusammenhalt. Man kann nämlich auch »gut« streiten. Hier ein paar goldene Regeln für einen konstruktiven Konflikt:

ZUHÖREN: Auch wenn Sie der Meinung sind, dass Sie immer recht haben und die Kinder prinzipiell keine Ahnung haben, ist es wichtig, dass Sie Ihr Kind ausreden lassen. Genauso wie Sie sich von Ihrem Partner und dem Nachwuchs wünschen, ausreden zu dürfen, sollten auch Kinder ihre Meinung zu dem Konflikt kundtun dürfen. Bestehen Sie darauf, dass das sachlich stattfindet. Das funktioniert natürlich vor allem mit älteren Kindern. Aber auch schon den Kleinsten sollten Sie signalisieren: Ich höre dir zu. Denn die Kinder zu übertönen und ihnen über den Mund zu fahren, sorgt sofort für eine aggressive Stimmung.

AUF AUGENHÖHE STREITEN: Das ist vor allem wichtig bei Kleinkindern, die ihre Wut und Trauer noch nicht in Worte fassen können und denen Sie trotzdem das Gefühl geben möchten, dass Sie ihnen zuhören (siehe oben). Ein guter Trick ist es, tatsächlich physisch auf Augenhöhe mit dem Kind zu reden, d.h. in die Hocke zu gehen und ihm in die Augen zu sehen. Kinder fühlen sich dann eher verstanden, als wenn Sie wie ein schimpfender Riese von oben herab mit dem Finger drohen.

STREITEN, UM EINE LÖSUNG ZU FINDEN: Der Streit sollte immer nur Mittel zum Zweck und kein sportliches Hobby sein. Als gemeinsames Ziel steht immer das Finden einer Lösung im Vordergrund. Streiten, um zu »gewinnen« oder einen Schuldigen zu finden, eskaliert meistens. Gehen Sie da mit gutem Beispiel voran und sagen Sie vorneweg schon: »Ich möchte, dass wir für dieses Problem gemeinsam eine Lösung finden.«

NICHT AUF DEM STANDPUNKT BEHARREN: Auch wenn Sie natürlich aufgrund Ihrer Elternrolle und Erfahrung die Entscheider sind, ist es für die Lösung einer Konfliktsituation hilfreich, manchmal nicht auf Ihrem Standpunkt zu beharren. Dem anderen entgegenzukommen, die Meinung des anderen zuzulassen, ist einer der ersten Schritte auf dem Weg zu einer Lösung. Ihr Kind bekommt so das Gefühl, ernst genommen zu werden, und wird eben-

Wir streiten fair und konstruktiv. Dann fühlt sich jeder ernst genommen und kleine Konflikte werden gar nicht erst zu riesigen Problemen.

falls kompromissbereiter. Selbstverständlich fällt das schwer: Auch in uns wohnt der kleine Teufel, der den Streit unbedingt »gewinnen« will.

ÜBER DEN KONKRETEN ANLASS SPRECHEN: Verallgemeinerungen wie »immer musst du so laut sein« oder »ständig gibt es Streit wegen deiner Unordnung« werden vor allem als Schuldzuweisung begriffen. Ihr Kind fühlt sich in einer ausweglosen Situation gefangen und als Mensch abgewertet. Kritik am Wesen eines Menschen aber führt zu Gegenangriff und Verteidigung. Besser ist es, beim konkreten Anlass zu bleiben: »Ich finde es nicht in Ordnung, dass du gerade so laut warst, obwohl schon Abendzeit ist.« »Ich möchte, dass du jetzt dein Zimmer aufräumst, damit wir nachher Zeit und Platz zum Toben/Lesen/Spielen haben.«

NIE IM STREIT AUSEINANDERGEHEN. Kinder können oft schwer begreifen, warum Mama oder Papa wütend sind. Versuchen Sie, immer Frieden zu schließen, bevor Sie auseinandergehen, oder signalisieren Sie, dass Sie später wieder Freunde sind. Besonders Kleinkinder denken in dem Moment, dass Mama oder Papa sie nie wieder lieb haben werden, und reagieren oft umso verzweifelter. Der einfach Satz: »Mama ist jetzt ärgerlich, aber nachher bin ich wieder gut« kann da helfen, eine Eskalation zu vermeiden.

STIMMT

KLARE REGELN NICHT DISKUTIEREN: Natürlich gibt es Dinge, die nicht verhandelbar sind. Für Familien macht es Sinn, einen Regelkatalog aufzustellen, der unverrückbar ist. Auch die Kinder dürfen dort eine Regel aufstellen, die ihnen wichtig ist, zum Beispiel: Ich möchte beim Spielen nicht gestört werden. Ich möchte nicht, dass meine Bastelsachen verliehen werden, oder Ähnliches. Diese Regeln sollten Sie natürlich gelegentlich dem Alter der Kinder anpassen, zum Beispiel wenn es um die Zeit geht, zu der die Kinder vom Spielen nach Hause kommen oder ins Bett gehen sollen.

In diesem Zusammenhang möchte ich auf ein Buch von Marshall B. Rosenberg verweisen, der in seinem gleichnamigen Werk das Prinzip der »Gewaltfreien Kommunikation« geschaffen und gefördert hat. Grundlage seiner Theorie ist eine empathiegesteuerte Kommunikation, die dem Gegenüber keinen Grund zum Gegenangriff oder zur Verteidigung gibt. So geht es zum Beispiel erst einmal darum, sich selbst zu verstehen: (»Warum ärgere ich mich?«) und die eigenen Bedürfnisse zu erkennen. Im nächsten Schritt werden diese Bedürfnisse dem Gegenüber mitgeteilt, aber nicht als Vorwurf, sondern als Bitte. Essentiell ist laut Rosenberg hier, auch die Einschätzung der Situation vom Gegenüber abzufragen und nach den Bedürfnissen des Gegenübers zu fragen. Das klingt natürlich alles sehr langwierig und kompliziert und wirft vielleicht Fragen auf. Was, wenn das Gegenüber auf das Angebot friedlicher Kommunikation nicht eingeht? Was, wenn das Gegenüber es einfach nicht versteht, weil es beispielsweise noch zu klein ist? Rosenbergs Bücher sind sehr detailreich, aber wenn Sie Schwierigkeiten haben, eine gemeinsame Streitsprache zu finden, können Sie darin viele gute Ansatzpunkte und Antworten auf manche Fragen finden.

NUR FÜR ELTERN

GEPFLEGT STREITEN

Gehen Sie Konflikten gern aus dem Weg? Fressen Sie Ärger in sich hinein, bis Sie – für alle überraschend – völlig überreagieren oder ein kleines Magengeschwür haben? Vielleicht sollten Sie sich öfter mal richtig streiten, »richtig« im Sinne von »zielführend«. Trauen Sie sich, auch mal unangenehme Themen anzusprechen. Sprechen Sie offen aus, wenn Ihnen eine Situation zu schaffen macht. Lassen Sie sich von Ihrer Familie nicht auf der Nase herumtanzen. Sie müssen nicht immer die Zähne zusammenbeißen und sich alles gefallen lassen.

FriedensMAHL

NACH EINEM STREIT SETZEN SICH ALLE WIEDER FREUNDSCHAFTLICH AN EINEN TISCH UND ESSEN GEMEINSAM – EINE SCHÖNE GESTE NACH EINEM HANDFESTEN KRACH. EIN GERICHT, DAS DAFÜR BESONDERS GUT GEEIGNET IST, IST PIZZA, DENN SIE LÄSST SICH PRIMA TEILEN.

Die ultimative Familien-Friedens-Pizza

Das tolle an diesem italienischen Allrounder: Jeder darf seine Ecke ganz nach Geschmack belegen, so gibt es schon mal ums Essen keinen neuen Streit. Der Fantasie sind keine Grenzen gesetzt, einzige Vorgabe: Wir kochen und schnippeln gemeinsam. Und damit es richtig flott geht und keiner beim Warten auf die Pizza vor lauter Hunger schlechte Laune bekommt, machen wir einen Quark-Öl-Teig mit Dinkelmehl.

für 1 Blech
1 Stunde

400 g Dinkelmehl
½ Päckchen Backpulver
1 TL Salz
200 g Quark
4 EL Milch
4 EL Olivenöl
1 Ei

1 Dose stückige Tomaten
1 Knoblauchzehe
1 EL Oregano
1 TL Salz

Mozzarella
Schinken, Salami, Mais, Oliven …
nach persönlichen Vorlieben

Backofen auf 220 °C Ober-/Unterhitze vorheizen. Mehl mit Backpulver und Salz vermischen. Quark mit Milch, Öl und Ei gründlich verquirlen. Die trockenen zu den feuchten Zutaten geben und zu einem glatten Teig verkneten. Zugedeckt in den Kühlschrank stellen. Für die Sauce Tomaten mit Knoblauch in der Küchenmaschine zerkleinern. Unter ständigem Rühren bei relativ großer Hitze einkochen lassen. Mit Oregano und Salz abschmecken. Ein Blech fetten und mehlen. Pizzateig darauf ausrollen. Mit Käse und Tomatensauce belegen. Wichtig: immer den Käse zuunterst. Dann die Zutaten der Wahl – es kann wirklich alles sein, uns schmecken sogar hauchdünne Kartoffelscheiben gut – verteilen. Ca. 20 Minuten backen, bis der Käse zerlaufen und der Rand goldgelb ist.

TIPP: Etwas Rand lassen, damit weder Tomatensauce noch Käse mit dem Blech verkleben.

PEACE

RUMTOBEN und entspannen

WIR BAUEN EINEN KLETTERPARCOURS, TOBEN UNS MAL SO RICHTIG AUS UND ENTSPANNEN DANN BEI EINEM VORLESESTÜNDCHEN MIT KAKAO UND KEKSEN.

Gut zureden hin oder her – manchmal hilft bei einem akuten Budenkoller einfach nur, die Wohnung zu einem Kletterparcours umzubauen und mal so richtig rumzutoben. Auch die Eltern! Also packen Sie das gute Geschirr von Oma weg, stellen Sie Blumenvasen und Deko-Objekte in die Küche, drehen Sie Stühle und Tisch um, holen Sie Kissen, Decken und Polster aus dem Schrank und los geht's. Erlaubt ist, was Spaß macht, Krach und Chaos sind okay, sogar erwünscht. Folgende Elemente sollten enthalten sein:

SUPER IDEE →

ETWAS ZUM SPRINGEN: Legen Sie vor das Sofa eine dicke Decke oder die Ersatzmatratze und alle springen volle Granate vom Sofa. Für ganz Sportliche kann das Ganze umgedreht werden: Versuchen Sie, aus dem Stand auf das Sofa hochzuhüpfen. Das poltert zwar, baut aber jede Menge Energie ab.

ETWAS ZUM KLETTERN: Der Esstisch, ein paar Stühle, ein paar Bänke, ein paar Hocker, ein Start, ein Ziel: alles ist erlaubt. Die Kinder dürfen – im wahrsten Sinne des Wortes – einfach mal über Tische und Stühle klettern. Und das immer und immer wieder. Dabei können Sie die Zeit stoppen. Wer ist schneller? Oder niemand darf der Boden berühren, denn der ist tiefster Sumpf, in dem bereits das abscheuliche Krokodil (Papa) lauert, um die kleinen Piraten zu verspeisen. Hören Sie erst auf, wenn alle einen roten Kopf haben.

ETWAS ZUM RINGEN: Schieben Sie die Möbel an die Wand, damit in der Mitte des Wohnzimmers ein großer Platz zum Ringen frei wird. Stellen Sie, wie im Profisport, klare Regeln auf, damit nicht sofort einer heult. Verboten sind Kneifen, Beißen und Kratzen. Außerdem darf nicht ins Gesicht oder die Weichteile gegriffen werden. Wenn jemand unten liegt und nicht mehr ringen mag, klopft er ab. Oder die Kinder versuchen im Ringkampf, Mama und Papa die Socken auszuziehen.

ETWAS ZUM BOXEN: Es muss ja nicht gleich der professionelle Boxsack sein. Mama tut es auch mal gut, schmutzige Wäsche in einem Kopfkissenbezug so richtig kräftig durchzuprügeln. Auch wenn die Klamotten davon nicht sauber werden – eine weiche Füllung sind sie allemal. Binden Sie den Bezug oben mit einer Schnur zu, die auch als Auf-

Erst richtig austoben, dann gemütlich beisammen sitzen – so bieten wir dem grauen Novemberwetter die Stirn und genießen die gemeinsame Zeit.

hängung dient, und los geht es: mal so richtig alle Wut rauslassen und boxen, boxen, boxen. Der Sack kann wahlweise der Mathelehrer, der Lieblingsfeind oder die Lästerliese aus dem Nachbarhaus sein. Wenn allen der Schweiß runterläuft, darf der Sack in die Waschmaschine, die Kinder unter die Dusche und die Eltern zum Aufräumdienst.

Und dann: entspannen!

Machen Sie es sich so richtig gemütlich, kochen Sie Kakao oder Punsch, richten Sie einen Keksteller her, suchen Sie ein schönes Buch aus und treffen Sie sich im aufgeräumten und gut gelüfteten Wohnzimmer zu einer kleinen Vorlesestunde. Für mich ist das der Inbegriff von »Hygge«, der Tradition aus Skandinavien, die nicht viel weniger heißt als »die dunkle Jahreszeit mit gemütlicher Gemeinsamkeit überleben« (meine freie Übersetzung). Für mich gehört Vorlesen zu einem Abend voller Hygge dazu, viel mehr noch als ein Familienfilm, auch wenn ich sonst ein großer Kinofan bin. Bei der gemeinsamen Vorlesestunde entsteht eine behagliche Atmosphäre, die mich ein wenig an frühere Großfamilien und ihre Geschichtentradition erinnert. Da ich hoffnungslos altmodisch und nostalgisch bin, genau mein Ding! In der Zeitung »Die Welt« wurde das so ausgedrückt: »Hygge ist eine Rückkehr zum Biedermeier«, eine Epoche, die geprägt war vom Rückzug der Familien ins Private, in die eigenen vier Wände. Jede gemeinsame, ruhige Stunde, die man als Familie verbringen kann, ist ein Bonus. Und weil sich vorher alle – vor allem der Nachwuchs – so richtig ausgetobt haben, ist es besonders gemütlich, beisammenzusitzen und einer Geschichte zu lauschen. Was benötigen Sie für einen Vorleseabend mit ganz viel Hyggeligkeit?

EINE GEMÜTLICHE ATMOSPHÄRE: Nach dem Chaos und Getobe verwandeln Sie Ihr Wohnzimmer vom Amazonas-Dschungel oder der Saragossasee zurück in eine Oase der Ruhe. Wer keinen Kamin hat, zündet ein paar Kerzen an. Eine Lichterkette ist ebenfalls schön, warmes dezentrales Licht sowie eine direkte Lichtquelle für den Vorleser bringen heimelige Stimmung.

HMMM!

LECKEREIEN VORBEREITEN: Kekse, Kuchen, Tee, Kaffee, Punsch, Kakao – weil vorher alle getobt haben, machen wir uns wegen der zusätzlichen Kalorien keine Gedanken. Ein paar Apfelschnitze, Mandarinen oder frische Walnüsse geben die nötige Vitaminspritze.

DUFTEN LASSEN: Nachdem Sie ordentlich gelüftet haben, können Sie das schnelle Potpourri (Seite 67) machen oder ein paar Mandarinenschalen auf die Heizung legen. Bei Gerüchen gibt es natürlich unterschiedliche Vorlieben, manche sind große Fans intensiv duftender Kerzen, andere mögen Räucherstäbchen oder gar Weihrauch. Hier bitte nicht übertreiben, da gerade für kleine Kinder Duftöle und Geruchsstoffe ungesund sind, bei Kontakt sogar zu Reizungen der Haut oder der Atemwege führen können. Ein frisch aus dem Wald geholter Tannenzweig duftet genauso gut, wenn nicht gar besser als die Duftkerze »Tanne« aus dem Drogeriemarkt.

STIMMT

EIN PASSENDES BUCH AUSSUCHEN: Gar nicht so einfach, ein Buch oder eine Geschichte zu finden, die allen Familienmitgliedern Spaß macht. Da wünscht sich das große Mädchen eine Pferdegeschichte, der kleine Junge was von Bob dem Baumeister und die Mittlere steht auf Lilifee. Hier einen Kompromiss zu finden, kann schwierig sein. Gut eignen sich immer noch klassische Märchen, für Kleinere die von den Gebrüdern Grimm, für größere auch Hans Christian Andersen oder Wilhelm Hauff. Aber auch Kinderbuchklassiker von Kästner, Lindgren und Co. können für jeden ihren Reiz haben, sogar für den Vorleser.

Biosphäre
ROSA
Multiflora
Kiefer
Pilze
MoOs

BASTELN IM HERBST

ZU KALT, ZU NASS, ZU DUNKEL

WENN WIR NICHT NACH DRAUSSEN GEHEN KÖNNEN, BRINGEN WIR DEN WALD EINFACH NACH DRINNEN. UND ZWAR NICHT NUR ALS DEKO, SONDERN ALS KLEINES FORSCHUNGSPROJEKT, DAS WIR TÄGLICH BEOBACHTEN UND WO WIR IMMER WIEDER ETWAS NEUES ENTDECKEN KÖNNEN.

Biosphäre im Gurkenglas

Eine kleine hermetisch abgeschlossene Welt, in der es einen Wasserkreislauf gibt, Pflanzen zersetzt werden, neue Pflanzen wachsen, Sauerstoff entsteht und wieder verbraucht wird. Allerdings braucht es etwas Geduld, um Veränderungen zu beobachten.

2–3 größere Gurkengläser mit festem Verschluss
1 kleiner Eimer feiner Kies
1 kleiner Eimer Sand
1 kleiner Eimer Waldboden
2–3 große Stücke kurzwüchsiges Moos mit Wurzeln
einige frische Zweige von Tanne, Fichte, Kiefer
einige Zweige kleine Hagebutten der Rosa multiflora
Baumpilze
Samen von Gräsern und Kräutern

➤ Gurkengläser gründlich spülen und abtrocknen. ➤ Damit das Glas möglichst sauber bleibt, mit einem langen Löffel eine Schicht Kies einfüllen. Darüber eine relativ dünne Schicht Sand und darüber etwas mehr Waldboden geben. ➤ Moos einpflanzen. Die Zweige als Waldhintergrund am Rand ins Moos stecken. Daneben als niedrigere Gebüsche Hagebuttenzweige stecken. Moos mit Samen der Gräser und Kräuter bedecken. Pro Glas ca. 10–20 ml Wasser einfüllen, damit der Mikrokreislauf genug Feuchtigkeit enthält. Wenn Moos, Kies und Sand selbst schon sehr feucht sind, lieber weniger Wasser verwenden, damit im Glas keine Biogasanlage entsteht. ➤ Das Glas fest zuschrauben, sodass keine Feuchtigkeit entweichen kann. An einem sonnigen Platz aufstellen. Immer, wenn die Sonne scheint, entstehen kleine »Wolken«: Das Wasser kondensiert an Glas und Deckel und »regnet« ab. ➤ Je nach mitgebrachten Mikroorganismen kann sich eine blühende Landschaft, aber auch eine ausgeprägte Pilzkultur entwickeln.

FRIMAIRE

[fʁimɛʁ]
DER FROSTMONAT

Wir machen uns Gedanken über sinnvolles Schenken und über weihnachtliche Rituale. Wir würzen unseren Früchtetee mit selbstgemachtem Glühweinsirup und basteln Pappmaché-Kugeln für den Weihnachtsbaum.

21. NOVEMBER BIS 20. DEZEMBER

Kling, KASSE, klingeling

KONSUM UND DAS FEST DER LIEBE – SIE GEHÖREN HEUTZUTAGE UNTRENNBAR ZUSAMMEN. ABER: MÜSSEN DIESE GESCHENKEBERGE WIRKLICH SEIN?

Ich sitze in meinem Kinderzimmer und spiele mit meiner kleinen Schwester Lego – eines unserer Weihnachtsrituale, während wir auf das Christkind warten. Draußen ist es schon dunkel, aber nicht sehr winterlich, ein stürmischer Wind heult ums Haus. Aufgeregt lauschen wir. Hat da nicht gerade im Flur etwas geknistert? War da nicht gerade eine Tür zu hören? Es duftet bereits nach Tannenzweigen im ganzen Haus, denn wie immer hat unser Vater mittags den Baum ins Wohnzimmer geholt, aufgestellt und geschmückt. Wir hören das Glöckchen. Das Christkind war da! Aufgeregt laufen wir ins dunkle Wohnzimmer, das nur vom Schein der Wachskerzen am Baum und dem Flackern des Kamins erhellt ist. Leise läuft im Hintergrund Weihnachtsmusik. Unter dem Baum liegen eine ganze Reihe kleiner Päckchen, auf denen unsere Namen stehen. Ein bunter Teller mit Lieblingssüßigkeiten wartet auf dem Tisch. Ich nehme mir eine Meeresfrucht aus Schokolade und sehe meiner Schwester beim Auspacken zu. Da fällt mir ein längliches Päckchen mit meinem Namen drauf auf. Die Form ist schon ziemlich verräterisch. Schon seit Monaten wünsche ich mir eine Barbie, um mit meiner Freundin Tanja damit zu spielen. Aufgeregt hole ich mir das Geschenk und setze mich auf das Sofa. Erstmal schütteln. Klingt gut, weich ist es auch nicht, also sind es bestimmt kein Paar Socken oder eine Strumpfhose. Ich reiße das Papier ab und sehe den charakteristischen Schriftzug auf knalligem Rosa: Disco-Barbie. Freudig hole ich die Dame aus der Kiste, betrachte die Kleidung, die beigelegt ist, und verbringe große Teile des Heiligen Abends damit, Disco-Barbie auszuziehen, anzuziehen, auszuziehen ...

Weihnachtsgeschenke

Es ist November und ich sitze vor meinem Rechner, die Liste »Weihnachten« ist geöffnet, auf der minutiös alle Geschenkwünsche der Kinder zur fristgerechten Verteilung an die Verwandtschaft aufgereiht sind. Hoffentlich halten sich dieses Jahr alle an die Liste, denke ich. Sonst gibt es wieder Wäschekörbeweise Kram, den ich dann im Laufe des Jahres nach und nach verschwinden lassen muss. Mir bricht der Schweiß aus bei dem Gedanken an die vielen Dinge, die dann doch nicht weggegeben werden dürfen und die ich von da an wöchentlich aufräumen muss. Eigentlich ist es schade, dass ich mich bereits im November damit befassen muss, wie ich möglichst viele Geschenke abwehren kann. Schließlich wollen alle Beteiligten nur etwas Gutes tun. Gut gemeint ist aber oft das Gegenteil von gut. Und wenn die Kinder gegen 22 Uhr gelangweilt in einem Haufen aus Papier, Playmobilfiguren,

Die Freude, die man mit einem gut gewählten Geschenk auslöst, ist eine Freude, die man auch selbst empfindet.

Pappbilderbüchern und Plastikautos sitzen und vor Frust über die Unübersichtlichkeit in Tränen ausbrechen, würde ich am liebsten eine große Mulde bestellen, das ganze Zeug aus dem Haus werfen und ein Fest der Liebe statt ein Fest des Konsums ausrufen.

Mit diesen Gefühlen bin ich übrigens nicht alleine, schließlich ist die Geschenkeflut immer wieder Thema in Blogs, Foren und Frauenzeitschriften. Jeder sehnt sich an Weihnachten nach einem ruhigen, besinnlichen Fest. Welche Auswüchse das auf Geschenke fokussierte Fest hat, zeigte Loriot bereits 1978 beim »Weihnachtsfest der Familie Hoppenstedt«, wo alle paar Minuten gesagt wird: »Aber dann machen wir es uns erst mal richtig gemütlich«, während es das ganze Weihnachtsfest über nicht mehr gemütlich wird. Schließlich werden die Eltern von einer durch die Wohnungstür hereinbrechenden Geschenkpapierwand überrollt. Wie konnte es so weit kommen?

Wir schenken alle gern und wir schenken unseren Kindern etwas, weil wir wollen, dass sie glücklich sind und sich freuen. Früher, als Luxusgüter wie Spielzeug und auch Notwendiges wie Kleidung Mangelware waren, hatte das Geschenk noch größeren Wert, denn oft war es etwas, was wirklich dringend benötigt wurde oder aber schon seit Monaten ein Herzenswunsch war. Vorfreude,

STIMMT →

Verzicht und Maßhalten lösen bei Erfüllung der Wünsche größere Freude aus, als wenn es zu jeder Gelegenheit, zum Beispiel beim Besuch der Oma, ein größeres Geschenk gibt. Die geänderten wirtschaftlichen Umstände, die ständige Verfügbarkeit von billiger Massenware sowie generell das riesige Angebot an Spielzeug, Kleidung und Süßigkeiten und der relative Wohlstand von uns Europäern haben dazu geführt, dass Schenken eher ein Kampf als eine Freude ist, dass Kinder von Spielzeug überfordert werden und dem einzelnen Ding keinen Wert mehr beimessen. Der Erziehungswissenschaftler Peter Struck hat das ganz gut zusammengefasst: »Wer kein Spielzeug hat, baut sich Spielzeug; wer perfektes Spielzeug hat, neigt dazu, es zu zerstören.« Und das trifft vor allem dann zu, wenn zu viel von allem da ist und die Langeweile den Zerstörungstrieb in den Kindern weckt. Kommt dann immer sofort Ersatz für ein kaputt gemachtes Spielzeug, halten die Kinder ihre Sache für beliebig ersetzbar und wertlos.

GENAU! →

Warum schenken wir so viel?

Oft sind wir unsicher, was sich das Kind wirklich wünscht. Und häufig haben wir andere Vorstellungen als unser Kind, kaufen dann erst das, was wir für angemessen halten, und später doch zusätzlich noch den Herzenswunsch, weil wir auf keinen Fall traurige Gesichter sehen wollen.

Aber manchmal schenken wir nicht nur, um anderen eine Freude zu machen, sondern auch, weil wir ein schlechtes Gewissen haben. Unbewusst versuchen wir dann mit besonders vielen, teuren Geschenken einen Mangel auszugleichen. Worin der Mangel besteht, wird jeder selbst am besten wissen. Das wollen wir uns natürlich erstmal nicht eingestehen, aber leider ist es doch gelegentlich so, dass wir ein Kind, das in einem ungünstigen Moment etwas von uns will, wegschieben und es auf später vertrösten mit der Aussicht auf eine »Kleinigkeit« vom Schreibwarenladen, wenn es sich jetzt schön brav verhält. Das wahre Bedürfnis, nämlich Nähe, wird hier ersetzt durch etwas Materielles. Dieser Mechanismus tritt auch dann in Kraft, wenn wir den Weihnachtswunschzettel unserer Kinder komplett oder gar übererfüllen. Tun wir das, weil wir wirklich der Meinung sind, dass unser Nachwuchs alle diese Sachen benötigt? Oder ist es eher das schlechte Gewissen, weil wir die letzten Wochen beruflich so eingespannt waren und die Schulaufführung verpasst haben? Oder ist es gar die Furcht, uns bei Nichterfüllung der Kinderwünsche mit dem Gequengel und Geheule der Kinder auseinandersetzen zu müssen?

Schenke ich meinem Kind ein Tablet, weil ich der Meinung bin, es profitiert davon in seiner persönlichen Entwicklung, oder aber weil ich weiß, dass mein Kind mich dann nachmittags einfach mal in Ruhe lässt? Oder weil Paul aus der Parallelklasse auch eins hat und wir natürlich im Vergleich mit Verwandten und Bekannten nicht als knausrig dastehen wollen? Das sind jetzt alles harte Fragen, die wir uns Eltern aber ehrlich stellen müssen. Schließlich fordern uns die Kinder permanent heraus, während wir im Gegenzug nicht unendlich viel Geduld, Nerven oder Zeit haben. Und das geht, meine ich, allen Eltern an einem Punkt in ihrem Leben so. Vielleicht sind es auch aus dem eigenen Alltag übernommene Motive, denn schließlich tendieren auch wir dazu, uns in Momenten der Leere oder Traurigkeit (Quengeln) mit einem Einkaufsbummel zu »belohnen.« Aber letztendlich sind all die Sachen, die wir unseren Kindern geben, nur Dinge. Zuneigung oder Liebe kann man sich damit jedenfalls nicht erkaufen.

Weihnachtserinnerungen: Tannenduft und Kerzenschein, Weihnachtslieder singen und Plätzchen essen, Geschenke auspacken und stundenlang spielen.

Zeit als Geschenk?

Was aber schenke ich jemandem, den ich wirklich liebe und schätze, sodass er es auch merkt und glaubt? Nun, ich schenke das, woran es allen mangelt, und das ist schlicht und ergreifend: Zeit. Statt sie mit gekauften Dingen zu überhäufen, sollten wir unseren Kindern vielleicht einfach mal die Zeit und Zuwendung schenken, nach der sie sich sehnen. Besonders wenn die Großeltern etwas weiter entfernt wohnen oder selbst noch berufstätig sind, freuen sich die Enkel mehr über einen gemeinsamen Ausflug oder einen kleinen gemeinsamen Urlaub als über das lärmende Plastikauto aus China. Das Auto fliegt nämlich irgendwann in den Müll. Die Erinnerung an die gemeinsame Zeit, die schönen Stunden im Schwimmbad oder am Meer, die Gespräche am Kaminfeuer auf der Berghütte, die irre Achterbahnfahrt mit Opa im Freizeitpark, den Tanzkurs mit Oma oder die Reise mit Papa aber bleibt. Ein Ausflug, eine Reise, ein Kurs, ein Wochenende nur zu zweit, all das sind individuelle, dauerhafte Geschenke, die jeden Umzug mitmachen und vermutlich nie kaputt gehen. Das soll natürlich nicht heißen, dass das Kind nie wieder Spielzeug zu Weihnachten bekommen darf. Auf die ausgewogene Mischung kommt es an.

Was ist mit den Müllbergen?

Zählt neben pädagogischen Aspekten und der Angst vor einer Verwöhnung der Kinder durch unendliche Mengen an Geschenken nicht auch der Umweltgedanke? Jedes Spielzeug, jeder Elektronikartikel wurde aus wertvollen Ressourcen hergestellt und von Menschen unter manchmal unwürdigen Bedingungen zusammengebaut, um die halbe Welt verschifft, verpackt und verschickt, entweder im Laden aus-, später wieder eingepackt, oder zu Hause aus- und wieder eingepackt – je mehr Geschenke, desto größer ist also der ökologische Fußabdruck, den die Geschenkeflut hinterlässt. Gar nicht zu reden von der Müllflut, die kurz darauf wegen der Verpackung folgt. Auch die Geschenke – je billiger desto eher – werden dann bald das gleiche Schicksal ereilen und belasten als Abfall die Umwelt. Und wer weiß, vielleicht verwehren wir unseren Kindern unter Umständen so das schönste Geschenk: eine lebenswerte Zukunft.

Weihnachtliche Rituale

Vor allem an Weihnachten sollten nicht die Geschenke allein im Vordergrund stehen, sondern eingebettet sein in eine ganze Reihe persönlicher Familienrituale und somit nur eines von vielen anderen Dingen, die Weihnachten bedeuten. Ein Ritual, sei es eine Märchenstunde, bevor das

GUTE IDEE!

Christkind kommt, das gemeinsame Singen am Heiligabend oder der traditionelle Weihnachtsspaziergang auf den Spuren des Christkinds, ist ressourcenschonender und dauerhafter als jede Menge Geschenke. Meine Vorstellung von einer perfekten Weihnachtszeit ist es, den Kindern schöne Erinnerungen an ihre Kindheit zu bescheren und diese derart zu festigen, dass sie sie sogar mit in ihr eigenes Erwachsenenleben nehmen. Das funktioniert mit vielen gemeinsamen Stunden bei Punsch, Plätzchenbacken, Schlittenfahren, Fangenspielen, Wildparks besuchen oder ins Kino gehen. Schenken Sie Ihrem Kind schöne Rituale! Vielleicht wird es sich dann vor allem daran erinnern, dass es an Heilig Abend mittags mit Papa den Baum schmücken durfte, dass es abends immer Fondue gab oder dass es beim Warten auf das Christkind mit der kleinen Schwester stundenlang Lego gespielt hat. Denn Rituale haben – das liest man wirklich überall – eine sehr positive Wirkung auf Kinder und Familien generell. Auf der einen Seite signalisiert die jährliche Wiederkehr von Bräuchen Verlässlichkeit und darüber hinaus auch Geborgenheit. Das führt zu einer insgesamt besseren seelischen Gesundheit. Auf der anderen Seite hat jedes Familienmitglied in jedem Ritual seinen festen Platz, seine Aufgabe. Das gibt Halt und vor allem ein Bewusstsein für die Bedeutung, die man im Familienkreis einnimmt. Lassen Sie darum Ihre Kinder immer aktiv mitmachen bei den Vorbereitungen.

Wie tief diese Rituale in uns eingeprägt sind, zeigt sich übrigens immer dann, wenn sich neue Familienstrukturen bilden und man mit dem Partner diskutiert, ob an Heilig Abend eher der Kartoffelsalat auf den Tisch kommen soll oder doch lieber etwas Festlicheres. Daher werden sich in jeder neuen Familie über kurz oder lang neue, eigene Rituale entwickeln, die für Ihre Kinder dann wieder eine ähnlich wichtige Bedeutung haben wie für Sie selbst. Rituale müssen übrigens nicht notwendigerweise religiöse sein – alles, was man gemeinsam über längere Zeit zu einem bestimmten Zeitpunkt tut, kann ein Ritual sein. Sogar eine Runde Computer zocken nach der Bescherung oder die morgendliche Joggingrunde an Heilig Abend können so zu einem Ritual werden, völlig ohne Kitsch und Stress. Überlegen Sie gemeinsam mit Ihren Kindern, wie Sie sich ein schönes Fest vorstellen. Kinder sind gerne Zeremonienmeister und haben oft viele, tolle, feierliche und ungewöhnliche Ideen, wie man ohne viel Aufwand ein schönes Weihnachten zusammen feiern kann. Und je mehr Wert Sie alle gemeinsam auf die Rituale legen, desto mehr büßt der kommerzielle Charakter von Weihnachten an Wichtigkeit ein.

SINNVOLL SCHENKEN

WELCHE GESCHENKE SIND SINNVOLL? HIERZU SIND EINIGE ÜBERLEGUNGEN UND VIELLEICHT AUCH ÜBERZEUGUNGSARBEIT NÖTIG, ABER ES LOHNT SICH.

Auch wenn wir wissen, dass unsere Kinder zu viele Geschenke bekommen, und wir das zu vermeiden versuchen, ist doch die Realität eine andere: Immer kommt mehr an, als wir denken, und auch wir selbst schlagen gerne mal über die Stränge, nehmen noch schnell diese und jene Kleinigkeit mit oder lassen uns von Geschenketipps verführen. Ich nehme mir meistens vor, etwas Sinnvolles zu schenken. Was aber sind »sinnvolle« Geschenke?

Geschenke koordinieren

Sprechen Sie sich mit der Verwandtschaft ab, sodass alle zu einem Thema ergänzende Dinge schenken. Ein Beispiel: Sie schenken Ihrer Tochter eine Spielküche. Also bitten Sie Oma 1, Zubehör für die Spielküche auszusuchen, und Oma 2, Zutaten wie Obst und Gemüse aus Holz auszuwählen. So ähnlich funktioniert das auch mit Werkbank, Kaufmannsladen, Puppentheater, ja sogar mit bestimmten Sets von Playmobil oder Lego. Geschenke, die aufeinander aufbauen, sind für Kinder schön, weil sie dann einen funktionierenden Kaufmannsladen oder eine gut ausgestattete Werkstatt haben, und für Eltern schön, weil es nicht so viel Krimskrams gibt. Vielleicht gibt es auch ein übergeordnetes Thema, für das Geschenke ausgesucht werden können. Ist der Sohn Dinosaurier-Fan, können Sie ein Spielzeug dazu schenken, die Großeltern den Enkel ins Museum einladen oder ein Buch zum Thema aussuchen, die Tante eine Dino-Bettwäsche oder einen Pullover mit Tyrannosaurus Rex besorgen usw.

GUTE IDEE

Das funktioniert mit fast allen Kinderthemen, ist aber auch später für Teenager interessant, die sich vielleicht eine erste eigene Reise in eine europäische Stadt wünschen, was dann – Reiseführer, neuer Koffer sowie Reiseoutfit – mit der gesamten Verwandtschaft bewerkstelligen werden kann.

Wenn Sie sich mit Themengeschenken nicht anfreunden können, können Sie sich an folgende Faustregel halten: eine Sache zum Spielen, eine Sache zum Anhören, eine Sache zum Anziehen, ein Sache zum Lesen. Das funktioniert vor allem dann, wenn alle sehr diszipliniert beim Schenken sind, und nicht jeder trotzdem vier Sachen mitbringt.

Was aber, wenn sich Großeltern, Onkel, Tanten oder auch Bekannte nicht an die Wünsche der Eltern halten? Erstmal kommen Sie um ein vermutlich etwas unangenehmes Grundsatzgespräch nicht herum. Manchmal gibt es schnelle und dauerhafte Einsicht, unter Umständen diskutieren Sie das aber jährlich aus. Wenn Sie auf Unverständnis stoßen, heißt es leider: Zähne zusammenbeißen und durch. Denn bevor Sie sich mit der Verwandtschaft

Mit Geschenken wollen wir Freude bereiten, aber ein Zuviel löst leider manchmal das Gegenteil aus.

verkrachen, den Kontakt mit Oma und Opa abbrechen und die miese Stimmung die Kinder erfasst, lassen Sie lieber fünfe gerade sein, gießen sich noch einen Sherry ein und atmen tief durch. Denn so nervig zu viele Geschenke sind: Es handelt sich hier um ein absolutes Luxusproblem!

GENAU!

Wohin mit dem Zuviel?

Was machen wir also, wenn wir der Flut keinen Einhalt gebieten konnten? Unser Alternativweg: Ein Zuviel an Geschenken wandert immer erstmal in den Fundus. Fundus ist bei uns eine Kiste mit Dingen, die die Kinder noch nicht zu Gesicht bekommen haben, die wirklich zu viel oder unpassend waren und die dann nach und nach entweder dem eigenen Nachwuchs zugutekommen, zum Beispiel als kleine Belohnung, oder aber für den nächsten Kindergeburtstag oder bei der Schuhkartonaktion an Weihnachten weiterverschenkt werden. Ist das geizig, undankbar und fies? Ich weiß nicht. Ich finde es vor allem nachhaltig, denn bevor meine Kinder ein Spielzeug auspacken, kurz anspielen und dann in die Ecke werfen, hebe ich es lieber für jemanden auf, der es wirklich zu schätzen weiß. Manchmal ahne ich bei bestimmten Dingen, dass sie meine Kinder nicht interessieren werden oder aber dass sie schlicht zu jung (oder zu alt) für etwas sind. Dann hebe ich das Spielzeug auf und verschenke es bei Gelegenheit. Das ist auf jeden Fall besser, als wenn ich es irgendwann entsorge.

Folgen der Geschenkeflut

Leider werden durch die Flut an Geschenken bestimmte Dinge gar nicht mehr wahrgenommen und die Kinder bedanken sich auch nicht angemessen dafür. Wenn nach einer wahren Präsenteschlacht an Heiligabend am nächsten Tag eine Tante mit einem sehr schönen Buch kommt und das mit einem »Ahja« und ohne Dank zur Seite gelegt wird, dann finde ich das nicht nur für die Tante sehr verletzend, sondern auch sehr unhöflich von meinen Kindern. Für mich sind »Bitte« und »Danke« immer noch der Schmierstoff unserer Zivilisation, auch wenn diese Worte im Alltag etwas aus der Mode zu kommen scheinen. Aber wie sollen Kinder lernen, echte Freude und Dankbarkeit zu empfinden, wenn sie dauernd mit Spielzeug und Süßigkeiten zugeschüttet werden? Sofortiges Befriedigen von Wünschen und der Mangel an Durchhaltevermögen beim Warten sind Psychologen zufolge eine Ursache für die vielen Probleme, die heutige Kinder in der Schule haben. Dass sie sich manchmal für etwas anstrengen, sich nach etwas sehnen müssen, erhöht nachweislich die Frustrationstoleranz, die sie auch beim Schreiben endloser Zeilen von Zahlen und Buchstaben haben sollten. Indem wir aber unseren Kindern alle Wünsche von den Augen ablesen, entlassen wir sie unvorbereitet in eine Welt, in der gelegentlich auch Wünsche unerfüllt bleiben. Können sie damit dann nicht umgehen, sind Schmerz und Enttäuschung umso größer.

Schreiben Sie sich also die Wünsche Ihrer Kinder über das Jahr hinweg auf, aber erfüllen Sie diese nicht immer sofort, sondern heben Sie sie bis Weihnachten auf. Das strahlende Gesicht, wenn Ihr Kind endlich die ersehnte Barbie, den tollen Roboter oder das besondere Buch in den Händen hält, ist unbezahlbar.

STIMMT

NUR FÜR ELTERN

EINFACHE UMGANGSFORMEN

Mal ehrlich: Sagen Sie noch Bitte und Danke? Beim Einkaufen? Am Telefon mit Kollegen? Beim Check-in am Flughafen? Ganz oft stelle ich leider fest, dass Erwachsene diese beiden Worte aus ihrem Vokabular gestrichen haben, weil sie die Dienstleistungen der anderen für selbstverständlich halten. Dabei ist der höfliche Umgang der Erwachsenen Vorbild für die Kleinsten. Wie können wir uns über deren undankbares Verhalten aufregen, wenn sich unser Dialog beim Bäcker auf »3 Brötchen« – »1,20« beschränkt?

Draußen ist es EISKALT …

… UND WIR WÄRMEN UNS MIT GLÜHWEIN AUF. DER SCHMECKT SO SCHÖN NACH WEIHNACHTSMARKT UND WECKT VORFREUDE AUF SCHNEE UND GESCHENKE. DAMIT ES NACHHER SCHNELLER GEHT, STELLEN WIR GLÜHWEINSIRUP AUF VORRAT HER UND GEBEN IHN DANN NUR NOCH IN EIN HEISSGETRÄNK.

Leckerer Glühweinsirup

Geben Sie den Glühweinsirup zum Süßen in heißes Getränk, z.B. in roten Traubensaft für die Kinder. Den Eltern schmeckt er in heißem Burgunder sicher besser.

1 Bio-Zitrone
1 Bio-Orange
500 ml Traubensaft
1 Zimtstange
1 Msp. gemahlener Zimt
2 Nelken
1 EL Vanillezucker
250 g Zucker

für 300 ml Sirup
15 Minuten + 2 Stunden Kochzeit

Zitrone und Orange heiß abspülen und die Schalen fein abreiben. Aufpassen, dass keine weiße Haut mit abgerieben wird, sie schmeckt bitter. Die Früchte auspressen. Traubensaft in einem großen Topf geben. Ausgepressten Saft und Schalen dazugeben. Restliche Zutaten hinzufügen und kurz aufkochen lassen. Bei mittlerer Hitze ca. 2 Stunden einkochen lassen, bis sich eine sirupartige Konsistenz ergibt. Danach in kleine Bügel-Flaschen abseihen.

TIPP: Der Sirup hält sich bis zu 3 Monate.

Glühwein
Sirup
GLÜH
WEIN
SIRUP

Familien-Adventsnachmittag

EIN VERSCHNEITER ODER AUCH VERREGNETER WINTERSONNTAG IST GENAU RICHTIG, UM MIT DER FAMILIE WEIHNACHTSGESCHENKE HERZUSTELLEN.

Wie wir schon festgestellt haben, sind persönliche Geschenke meist netter als das schnelle Schnäppchen aus dem 1-Euro-Shop. Deshalb stellen wir schöne Geschenke für Oma, Opa, Freunde, Verwandte und Bekannte her. Damit wir genügend Bewegung bekommen, machen wir einen Waldspaziergang und probieren danach die ersten Plätzchen.

GUTE IDEE

BIENENWACHSPFLEGE – FÜR ALLES AUS HOLZ: Besser als die vielen Holzpflegemittel, die Sie im Laden kaufen können und die voller chemischer Zusätze, Rohöl oder gar Palmöl sind, ist diese selbst hergestellte Bienenwachspflege. Löffel, Schneidebretter oder Messergriffe aus Holz glänzen so mit den Kerzen um die Wette. Außerdem verbreitet das Schmelzen des Wachses einen wunderbaren Duft nach Honig im ganzen Hause. Für drei Schraubgläser benötigen Sie:

- *60 g Bienenwachsperlen (oder auch Reste von echten Bienenwachskerzen, Bienenwachsplatten)*
- *230 g neutrales Öl, z.B. Sonnenblumenöl*

Die Zutaten wiegen Sie ab und erhitzen sie zusammen langsam in einem kleineren Topf. Dabei ständig mit einem alten Kochlöffel oder Stäbchen rühren, sodass nach und nach eine homogene Masse entsteht. Ist die Masse gut verbunden, sofort in die bereitgestellten Schraubgläser füllen und bei offenem Deckel fest werden lassen. Sobald die Masse kalt ist, ist sie gebrauchsfertig. Tragen Sie die Masse gleichmäßig mit einem weichen Tuch auf das zu behandelnde Holz auf. Mit einem fusselfreien Tuch wird nachpoliert.

WINTERSPAZIERGANG: Während die Bienenwachspflege abkühlt, macht die ganze Familie zusammen einen schönen ausgiebigen Winterspaziergang. Dabei ist uns das Wetter ganz egal: Schnee, Graupel, Regen, Sonnenschein – wir gehen bei jeder Witterung nach draußen und genießen die frische, klare Luft. Während wir durch den Wald streifen, können wir gleich ein paar Tannen- oder Kiefernzapfen, Moose, Flechten, Haselnüsse und Eicheln für unser nächstes Projekt sammeln. Die Sammelleidenschaft der Kinder nutzen wir dabei schamlos aus. Sind alle Fäuste voll mit Wald- und Wiesendeko, geht es zurück nach Hause. Die Kinder dürfen bei einem Märchenfilm Kakao schlürfen, während Mama sich etwas ganz Besonderes gönnt: ein wärmendes, wohltuendes Bad aus selbstgemachtem Rosmarinbadezusatz, den Sie natürlich

WIR MACHEN EINEN WINTERSPAZIERGANG, ARRANGIEREN UNSERE FUNDSTÜCKE IN EINER SCHALE UND STELLEN VIELE SCHÖNE WEIHNACHTSGESCHENKE HER.

auch, hübsch verpackt, an die beste Freundin verschenken können.

ROSMARINSALZ ALS BADEZUSATZ: Für ein Glas Badezusatz benötigen Sie:

- *100 g grobes Meersalz*
- *1 Handvoll frische Rosmarinnadeln*

Die Rosmarinnadeln werden von den Zweigen gezupft, mit dem Salz vermischt und in ein kleines Glas gefüllt. Wer es beim Baden etwas pflegender möchte, gibt zum einlaufenden Badewasser noch zwei Esslöffel Rapsöl dazu. Dieses Bad ist wegen der ätherischen Öle aus dem Rosmarin übrigens nicht für kleine Kinder geeignet, bei denen es evtl. zu Reizungen der Haut oder der Augen kommen könnte.

JAHRESZEITEN-SCHALE: Während Mama noch im hauseigenen Wellnessbereich schwelgt, arrangieren die Kinder mit Papa die Fundstücke zu einer Jahreszeitenschale. Dazu eine große Pflanzschale oder einen Teller mit Moos auslegen und dann mit den Fundstücken vom Spaziergang dekorieren. Selbstverständlich können auch erste Krippenfiguren, kleine Pilze aus Holz oder Holzspielfiguren der Kinder darin Platz finden. Lassen Sie Ihre Kinder ruhig machen – Sie werden erstaunt sein, wie kreativ sie sind.

DUFTPOTPOURRI: Den Nachmittag schließen wir mit einem Adventskaffee ab, bei dem es neben den ersten selbst gebackenen Plätzchen frische Mandarinen und leckere Äpfel gibt. Aber Moment: Die Schalen der Äpfel oder Mandarinen nicht einfach wegwerfen. Daraus machen wir das letzte unserer selbst gebastelten Weihnachtsgeschenke, ein duftiges Potpourri. Denn wer liebt es nicht, wenn einem an Weihnachten ein frischer Duft in der Wohnung entgegenweht? Zwar gibt es dafür jede Menge Duftkerzen, Öle oder Räucherstäbchen zu kaufen, aber eigentlich riechen die meisten Duftprodukte sehr penetrant und gefallen nicht jedem. Sammeln Sie einfach die Schalen der Äpfel, Zitronen und Mandarinen (etwa zwei Handvoll jeder Sorte für zwei mittlere Weckgläser) und stellen Sie sie zum Trocknen in einer Metallkastenform auf den Heizkörper. Weitere Zutaten sind je Glas 2 Zimtstangen, 2 Lorbeerblätter, 1 Esslöffel Nelken und wer mag, fügt ein paar Tropfen Vanilleextrakt dazu.

HMMM, WIE DAS DUFTET!

Wenn Sie die Schalen schneller trocknen möchten, legen Sie sie auf ein Blech und trocknen Sie sie langsam im Ofen bei 50 °C. Das dauert etwa 5–7 Stunden. Möglichst dünn abgeschälte und bei den Zitrusfrüchten von der weißen Innenhaut befreite Schalen trocknen übrigens etwas schneller. Die getrockneten Schalen werden gemeinsam mit Zimt, Lorbeerblättern und Nelken auf zwei große Weckgläser verteilt und diese sofort mit Klammern verschlossen. Bereits beim Öffnen des Geschenks wird sich ein leckerer, feiner Duft nach Weihnachten verbreiten.

ZUM ABSCHLUSS: EIN GEMÜTLICHER ABEND ZU ZWEIT: Ein gelungener Adventssonntag geht zu Ende und in der Küche stapeln sich bereits die Geschenke: ein Glas Bienenwachspflege für Opa Heinz mit seinem Tisch aus massiver Eiche, das Rosmarinbad für Elke und Sabine und das Potpourri für Oma Erika und Tante Inge. Die Kinder sind von der wohlige Wärme im Haus, der frischen Luft draußen und dem nahrhaften Kakao so müde, dass sie nach einer kleinen Brotzeit recht bald friedliche schlummernd im Bett liegen und vom Nikolaus, dem Christkind, dem perfekten Weihnachtsbaum und den gemeinsamen Stunden träumen. Jetzt ist es Zeit für die Eltern, gemeinsam noch ein bisschen zu plaudern, die Weihnachtsfeiertage zu planen und im Kerzenschein ein paar romantische Stunden zu zweit zu erleben.

Ho Ho Ho!

BASTELN IM WINTER

SCHMUCK FÜR DEN TANNENBAUM

MÜSSEN ES IMMER MODISCHE CHRISTBAUMKUGELN AUS DEM DEKOLADEN SEIN? GESTALTEN SIE DOCH MAL MIT IHREN KINDERN KUGELN AUS PAPPMACHÉ. DAS MACHT VIEL SPASS UND SIE GEHEN BEIM RUNTERFALLEN NICHT KAPUTT. PRAKTISCH, WENN SIE KLEINE KINDER ODER HAUSTIERE HABEN.

Christbaumkugeln aus Pappmaché

Pappmaché ist ein vielseitiges Material, das dazu noch wirklich günstig ist (und Ihre Altpapierreste schmelzen im Nu dahin). Die meisten Kinder haben viel Spaß am Matschen mit Kleister und Papier und können so schöne Geschenke selbst basteln.

Für ca. 10 kleine Kugeln
1 Packung Tapetenkleister
kleine runde Luftballons, z.B. Wasserbomben
leere Joghurtbecher
viele alte Zeitungen
Transparentpapier, Geschenkpapier
Streichhölzer
Basteldraht
bunte Bänder

➤ Tapetenkleister anrühren. Luftballons aufblasen und mit dem Knoten nach unten in einen leeren Joghurtbecher stellen. Eventuell mit einem Stück Klebeband fixieren. ➤ Das Zeitungspapier in kleine Stücke reißen, die Ballons einkleistern und in mehreren Schichten mit den Papierstücken bekleben. Immer wieder ordentlich nachkleistern. Als oberste Schicht Transparentpapier oder Geschenkpapier aufbringen. Alternativ können Sie die Kugeln, wenn sie vollständig durchgetrocknet sind, auch anmalen. ➤ Zum Trocknen die Kugeln an den Knoten mindestens 24 Stunden auf eine Leine hängen. ➤ Oben, wo der Ballonknoten herausschaut, ein kleines Loch in die Gummihülle schneiden und den Ballon vorsichtig aus der Papierkugel herausholen. ➤ Ein Streichholz so an einem Basteldraht festknoten, dass dieser oben eine Schlaufe bildet. Das Streichholz seitlich in das Loch einfädeln und querlegen, sodass die langen Seiten sich in der Rundung der Kugel festklemmen. ➤ Ein Band durch die Drahtschlaufe ziehen und die Kugeln aufhängen.

VARIANTE: Sie können die Kugeln mit der Öffnung auch über die LED-Lämpchen einer Lichterkette stecken. Dafür die Löcher oben passend zuschneiden.

Service

Bücher zum Weiterlesen

Altenmüller, Eckhardt: Klang, Körper und Gesundheit. Warum Musik für die Gesellschaft wichtig ist. Wißner, 2014

Gebhard, Ulrich: Die Bedeutung der Natur für die psychische Entwicklung. Springer, 2013

Häckel, Hans: Wolken. Ulmer, 2010

Katzer, Catarina: Cybermobbing. Wenn das Internet zur W@ffe wird. Springer, 2014

Krause, Bernie: Das große Orchester der Tiere. Vom Ursprung der Musik in der Natur. National Geographic Taschenbuch, 2015

Largo, Remo H: Kinderjahre. Die Individualität des Kindes als erzieherische Herausforderung. Piper, 2000

Levitin, Daniel J.: Der Musikinstinkt. Die Wissenschaft einer menschlichen Leidenschaft. Springer, 2013

Louv, Richard: Das letzte Kind im Walde. Geben wir unseren Kindern die Natur zurück. Herder Spektrum, 2013

Mitscherlich, Alexander: Die Unwirtlichkeit unserer Städte. Anstiftung zum Unfrieden. Edition Suhrkamp, 1999

Montessori, Maria: Kinder sind anders. Klett Cotta, 2015

Postman, Neil: Das Verschwinden der Kindheit. Fischer Taschenbuch, 1987

Pretor Pinney, Gavin: Wolkengucken. Heyne, 2006

Prott, Roger: Aufsichtspflicht. Rechtshandbuch für Erzieherinnen und Eltern. Verlag das Netz, 2015

Rogge, Jan Uwe, und Bartram, Angelika: Lasst die Kinder träumen. Rowohlt, 2015

Rosenberg, Marshall B.: Gewaltfreie Kommunikation. Eine Sprache des Lebens. Junfermann, 2016

Singer, Jerome L.: Daydreaming and Fantasy. Psychological Revivals. Routledge, 2014

Liebe Leserin, lieber Leser,

hat Ihnen dieses Buch weitergeholfen? Für Anregungen, Kritik, aber auch für Lob sind wir offen. So können wir in Zukunft noch besser auf Ihre Wünsche eingehen.
Schreiben Sie uns, denn Ihre Meinung zählt!

Ihr TRIAS Verlag

E-Mail-Leserservice
kundenservice@trias-verlag.de

Lektorat TRIAS Verlag
Postfach 30 05 04
70445 Stuttgart
Fax: 0711 89 31-748

Lieblingsrezepte
für die ganze Familie

Pragmatisch und lecker

Alle Rezepte gehen schnell, sind originell und kreativ. Sie kommen bei Kindern garantiert gut an und vermitteln ihnen den achtsamen Umgang mit Lebensmitteln.

Sabine Huth-Rauschenbach
Organic Cooking – Das Familienkochbuch
€ 9,99 [D] / € 10,30 [A]
ISBN 978-3-8304-8047-1
Titel auch als E-Book

TRIAS

Bequem bestellen über
www.trias-verlag.de
versandkostenfrei
innerhalb Deutschlands

Bibliografische Information der Deutschen Nationalbibliothek
Die Deutsche Nationalbibliothek verzeichnet diese Publikation in der Deutschen Nationalbibliografie; detaillierte bibliografische Daten sind im Internet über http://dnb.d-nb.de abrufbar.

Programmplanung: Celestina Filbrandt
Redaktion: Ursula Brunn-Steiner, Vaihingen/Enz
Bildredaktion: Christoph Frick, Nadja Giesbrecht

Umschlaggestaltung und Layout: CYCLUS Visuelle Kommunikation, Stuttgart

Bildnachweis:
Umschlagfoto: fotolia (Holzhintergrund), getty images (rechts oben), iStock (unten), offset (links oben
Fotos im Innenteil: gettyimages: S. 6, 28/29, 140/141, 168/169; plainpicture: S. 8/9, 15/16, 42/43, 56/57, 70/71, 84/85, 98/99, 112/113, 126/127, 154/155
Illustrationen: Daniela Sonntag, Stuttgart

Rezeptbilder: Daniela Sonntag und Stephanie Türck, Stuttgart

1. Auflage 2018

© 2018 TRIAS Verlag in Georg Thieme Verlag KG, Rüdigerstraße 14, 70469 Stuttgart

Printed in Germany

Satz und Repro: Fotosatz Buck, Kumhausen
gesetzt in: Adobe InDesign, CS6
Druck: Westermann Druck GmbH, Zwickau

Gedruckt auf chlorfrei gebleichtem Papier

ISBN 978-3-432-10378-5 1 2 3 4 5 6

Auch erhältlich als E-Book:
eISBN (ePub) 978-3-432-10380-8

Wichtiger Hinweis: Wie jede Wissenschaft ist die Medizin ständigen Entwicklungen unterworfen. Forschung und klinische Erfahrung erweitern unsere Erkenntnisse. Ganz besonders gilt das für die Behandlung und die medikamentöse Therapie. Bei allen in diesem Werk erwähnten Dosierungen oder Applikationen, bei Rezepten und Übungsanleitungen, bei Empfehlungen und Tipps dürfen Sie darauf vertrauen: Autoren, Herausgeber und Verlag haben große Sorgfalt darauf verwandt, dass diese Angaben dem Wissensstand bei Fertigstellung des Werkes entsprechen. Rezepte werden gekocht und ausprobiert. Übungen und Übungsreihen haben sich in der Praxis erfolgreich bewährt.

Eine Garantie kann jedoch nicht übernommen werden. Eine Haftung des Autors, des Verlags oder seiner Beauftragten für Personen-, Sach- oder Vermögensschäden ist ausgeschlossen.

Geschützte Warennamen (Warenzeichen®) werden nicht besonders kenntlich gemacht. Aus dem Fehlen eines solchen Hinweises kann also nicht geschlossen werden, dass es sich um einen freien Warennamen handelt.

Das Werk, einschließlich aller seiner Teile, ist urheberrechtlich geschützt. Jede Verwertung außerhalb der engen Grenzen des Urheberrechtsgesetzes ist ohne Zustimmung des Verlags unzulässig und strafbar. Das gilt insbesondere für Vervielfältigungen, Übersetzungen, Mikroverfilmungen und die Einspeicherung und Verarbeitung in elektronischen Systemen.

Besuchen Sie uns auf facebook!
www.facebook.com/trias.tut.mir.gut

Lassen Sie sich inspirieren!
www.pinterest.com/triasverlag